李维励 ◎ 著

谁动了我的皇冠

漓江出版社

图书在版编目(CIP)数据

谁动了我的皇冠/李维励著.—桂林：漓江出版社，2017.1
ISBN 978-7-5407-7572-8

Ⅰ.①谁… Ⅱ.①李… Ⅲ.①皇帝－生平事迹－中国－古代
Ⅳ.①K827=2

中国版本图书馆CIP数据核字(2016)第264314号

SHUI DONG LE WO DE HUANGGUAN

谁动了我的皇冠

李维励　著

策划编辑：石绍康
责任编辑：胡子博　辛丽芳
美术编辑：石绍康
责任印制：杨东

出版人：刘迪才

漓江出版社有限公司出版发行
广西桂林市南环路22号　邮政编码：541002
网址：http://www.lijiangbook.com
全国新华书店经销
销售热线：010－85893190
大厂聚鑫印刷有限责任公司印刷
〔河北省廊坊市大厂回族自治县西大街　邮政编码：065300〕
开本：960mm×690mm　1/16
印张：12.25　字数：150千字
2017年1月第1版　2017年1月第1次印刷
定价：36.00元

如发现印装质量问题，影响阅读，请与承印单位联系调换
〔电话：0316－8836866〕

前　言
Preface

李维励

目录
contents

这可能是有史以来最糟糕的一本历史读物。

你也许无法从这本书里得到任何启迪心灵、陶冶情操、奋进励志的阅读体验。

你也许无法从这本书里，得到任何你想要得到的东西。

你甚至无法从这本书里，看出作者究竟想干点什么。

但这有可能是有史以来最疯狂的一本历史读物。

因为书里描述的，不是帝王将相的丰功伟绩，不是风流才子的绝世才情，不是英雄美人的山盟海誓，而是他们作为一群失意落魄的摇滚歌手、二线演员、地铁画家、三流球员、苦行头陀甚至实习木工的真实生活状态。

没有帝王心术，没有阴谋论，没有厚黑学，没有尔虞我诈，没有"我的成功可以复制"。

只有理想与现实的对冲，生命与生活的碰撞。

他们在皇帝这个职业岗位上的失败永远无法掩盖他们各自在其他领域里散发出的夺目光芒。

他们不再是历史的傀儡，不再是身披黄袍的白痴，不再是众人眼中的昏君。

他们是自己。

只是自己。

壹

汉灵帝刘宏：雄踞福布斯榜的财富传奇

刘宏又做噩梦了。自从来到洛阳后，他几乎每天晚上都在做同样的噩梦。

梦的内容很奇怪。他一个人孤零零地站在巨大无边的旷野，浑身未着片缕，赤裸裸地任凭寒风从身边刮过。突然间，周围出现了百姓，一个、两个、三个、四个……人越来越多，围了里三圈外三圈。他们一边朝刘宏指指点点，一边低声地嗤笑。此时的刘宏尴尬无比，总想找条地缝钻进去，免受如此羞辱。但天空中有个声音在告诉他：你不必躲闪，你也不能躲闪，你是皇帝，皇帝……

是的，我是皇帝。

建宁元年（168）正月的一天，在百官隆重的迎接仪式下，一辆豪华的青盖小车载着一个十二岁的孩子缓缓地驶入洛阳皇宫。这个孩子名叫刘宏，他是解渎亭侯刘苌的儿子，汉章帝的玄孙，即将成为东汉的第十一个皇帝。

刘宏登上皇位是以窦太后为首的外戚集团的选择。因为先皇汉桓帝没有子嗣，所以窦太后必须在皇族子弟中选择一个继承人。之所以选中了刘宏，并不是因为他英俊潇洒、年少有为、擅长奥数、精通外语什么的，而是因为他年纪小、出身低，并且据说学习成绩一般，属于容易被人用一根棒棒糖就能随便拐跑的倒霉孩子类型。

这种领导干部的选拔任用标准是挺让刘宏伤自尊的。但与眼前的另外一件大事相比，自尊这件事儿简直就像饭后甜品一样奢侈。这件大事就是——活着。

很难想象身为皇帝的生存压力居然比身为蚁族、啃老族、月光族的芸芸众生更大。但事实上的确如此。刘宏是个"上面没有人"的皇帝，他的爸爸刘苌不是皇帝，充其量只是个县长，但他的旁边，站满了气势汹汹、掌握生杀予夺大权的外戚、宦官等实力派选手。外戚和宦官的轮流执政与互相争斗，构成了一整部东汉朝代的编年史，这中间基本上没皇帝什么事儿。"皇帝"这两个字，在东汉年代简直就是最短的笑话，类似于当代的"国足"。刘宏虽然年纪小不懂事，但有一点是明白的：假如稍微不留神，第二天清晨喝下去的早餐奶就有可能是掺了三聚氰胺的。章帝、和帝、殇帝、安帝、顺帝、冲帝、质帝……这个长长的死亡名单充分说明：莫名其妙地惨死在龙椅上的小皇帝，自己不是第一个，也绝不会是最后一个。

东汉年代，皇帝绝对是个不折不扣的高危职业。据统计，东汉十二帝的平均寿命只有30.5岁。这意味着，参照平均水平，如果没有意外发生的话，刘宏还有十八年的美好时光。

当然，前提是没有意外发生。而事实上，意外每天都在发生。没有意外，才是这个年代最大的意外。

由于刘宏年幼，虽然坐上了皇帝的宝座，但当前阶段主要的任务还是学习和长身体。国家大事这种事务性工作，还是由窦太后这帮外戚集团暂时代劳了吧。先皇桓帝在位时太监当道，"党锢之祸"几乎毁掉了外戚集团的外围势力，也打击了天下世族妄图变天的嚣张气焰。但桓帝现在嗝屁了，外戚集团突然间有了种"天亮了"的感觉，仿佛希望的春天又再次回到这片受诅咒的大地。那么还等什么，赶紧地，把该办的事儿都给办了吧！

在任人唯亲这件事方面，窦太后与东汉年代以往的列位太后一样，丝毫没有不好意思。她以迅雷不及掩耳盗铃之势，把自己的七大姑父、八大姨夫什么的全安排到了四套班子的重要岗位。可以这么说，只要有小学二年级以上文化水平，当着一百人的面能不打结巴地说上一百个字，长得比车祸现场稍微强点的亲戚，基本上都解决了行政编制问题。老爸窦武，闻喜侯；哥哥窦机——这个名字取得很有内涵——渭阳侯，位拜侍中；侄子窦绍，鄂侯，迁步兵校尉……总之一句话，大家都很嗨皮。窦氏家族一时间风头正劲，权倾朝野。

可怜此时以长安乡侯曹节为首的宦官集团，在外戚势力日益强悍的压制下，混得连后妈带的孩子都不如。不过感谢先帝爷的关照，太监们虽然混得不如以前那么风光，好歹有口饭吃，毕竟皇帝还是离不开太监的，谁放心让一个生理健全的纯爷们儿去照顾自己三千妻妾的饮食起居啊！皇帝可以容忍你抢班夺权，可以容忍你目中无人，甚至可以容忍你垂帘听政，但有一个底线你不能突破，那就是千万别给他戴绿帽子。谁给他戴绿帽子，他就跟谁玩命。因此，太监不是万能的，但没有太监是万万不能的。

可有一群人心中，正在谋划这件万万不能的事。

他们打算一举把太监势力斩草除根。

当然，除根这件事儿很难，特别是对于太监而言，几乎是一件不可能完成的任务。因为，你不能除掉一样根本不存在的东西。

"他们"，有一个共同的名字，叫作清流，又名党人，俗称意见领袖、持不同政见者、公知。

在桓帝年代的第一次"党锢之祸"中，清流势力遭受了太监集团的"核打击"，大量名士被抓被关，清流势力的领导人物——太尉陈蕃、司空刘茂被贬。但因为外戚势力、世族势力与太监集团的博弈，党人集团绝大部分未受牢狱之苦，仅仅是放归田里，终身罢黜，这就为党人的二次崛起埋下了深深的伏笔。桓帝一玩完，外戚集团重新掌权，开始重新起用党人，将被贬的陈蕃等人再次提拔起来，安插在机要岗位，为新一个"N年规划"提前布局。

新一个"N年规划"的核心实质就一句话：干掉死太监。

在吃尽了太监的苦头、与太监不共戴天的太尉陈蕃的谋划下，按照"三步走"的计划操作起来：第一步，裁减太监编制；第二步，缩减太监薪水；第三步，武力摆平以曹节为首的太监势力，一劳永逸。

这个"三步走"战略闪耀着理想主义的伟大光辉。陈蕃和窦武两位理想主义者满怀信心，彻夜长谈，一同勾画出一幅东汉复兴大业的宏伟蓝图。他们甚至已经想好了摆平太监之后，可以实行亘古未有的党人治国制度，让政权完完全全地掌握在中产阶级和知识分子手里。

但请问陈蕃和窦武两位，此时太监们都在做什么呢？

他们回答不出这个问题，他们也没空回答。因为太监做什么想什么，都不重要，重要的是，太监就快玩完了，好日子就要来临了。剩下要做的，就是挑个适宜打小报告的好日子，向窦太后汇报一声，要份懿旨，把太监一锅端掉了事。

太监曹节表示情绪非常稳定。因为此时的他，正在全力以赴地做一件非常无聊的事情——勾搭灵帝的奶妈赵娆。

与陈蕃、窦武两位擅长理论研究、精通兵棋推演的理论派不同，太监们都比较讲究实干。以曹节为首的太监，在裁员和减薪的双重压力下，开始大规模地向内廷中太后和皇帝身边的宫女、奶妈们发起了全面的情感攻势。要说太监泡妞可是真敢下本钱，几十克拉的八心八箭、闪闪发光的珍珠玛瑙、千儿八百的雪花银子，送出去都不带眨眼的。宫女、奶妈们感受到了来自太监的温暖和关怀，争先恐后地在窦太后、小皇帝面前说起太监们的好话，并为太监及时通报陈蕃、窦武的秘密奏折，做好了上传下达的重要工作。

在宫女、奶妈的教唆下，窦太后犯下了一个无可原谅的低级错误：她犹豫了。她很傻很天真地判断曹节是个靠得住的好太监，错过了解决问题的最佳时机。

你不解决他，并不代表他也不来解决你。

九月初七，秋分，秋风秋雨愁煞人，诸事不宜。

以曹节、王甫为首的宦官集团率领王朝内最精锐的虎贲羽林军，三下五除二地挟持了灵帝刘宏，夺取了玉玺，消灭了窦武、窦绍手下的仨瓜俩枣，以人民的名义依法当众审判并逮捕了试图顽抗到底的坏分子陈蕃，并把他交给一群深受其裁员、减薪之苦的底层太监。这帮孙子也没让曹节失望，他们仅用时十分钟，就以各种残酷绝伦、匪夷所思、毛骨悚然、惨绝人寰的方式，可耻地结束了陈蕃光荣而伟大的一生。

窦氏家族惨遭灭门之祸。所有自己姓窦的或者家里有人姓窦的，甚至连街边卖豆花、炸臭豆腐的，都未能幸免于难。所有被陈蕃、窦武举荐起来的党人官员，以及他们的门生、亲属，一经查实一律就地开除公职，并且永世不得任用。李膺、杜密、范滂等百余位知名的意见领袖俱被处死，士人阶级再遭重大打击，史称"第二次党锢之祸"。

天黑了，太监们又赢了。

但不管谁赢谁输，都不关刘宏什么事。似乎他不是个当国家元首的，而是个来打酱油的。太监、外戚、名士、清流，他们轮番登场，谁也没把刘宏当回事儿。对于这个国家而言，刘宏与其说是个皇帝，不如说是个吉祥物，类似福娃、团团圆圆、熊猫盼盼之类。太监、外戚们高兴时把你往架子上摆一摆充充门面，不高兴时把你塞马桶里你也不能表达不满。特别是这两年来，太监、外戚整天你砍我全家、我抄你满门的，动不动就把刘宏给绑票、软禁起来，并且随时都做好了撕票的心理准备，刘宏连吉祥物的资格都被剥夺了，最多也就算是个肉票。

肉票刘宏就在这种生死未卜的煎熬中，一天天地长大了。相比于同龄的孩子，他不缺吃，不缺穿，缺的只有一样东西——安全感。对于刘宏来说，在这个尔虞我诈、钩心斗角的世道里，再没什么比安全更宝贵的了。他害怕夜晚，害怕黎明，害怕沉寂，害怕喧嚣。他害怕身边的每一个人。

刘宏有一个梦想，他梦想有一天，皇帝能像平民一样，安安全全地陪着家人吃上一顿简单的午餐，安安全全地走出这个监牢一般的皇宫到全国各地看看风景，安安全全地处个对象。他梦想有一天，东汉王朝能有所改变，自己的子女能和平民的子女一样，过上不用担惊受怕、草木皆兵、杯弓蛇影的好日子。

这不是身为一个肉票该有的梦想。

这是一部奇幻题材的小说。

但一个有梦的人，总比没梦或者不敢做梦的人活得更有盼头和尊严。每个人都要为自己的梦想负责，刘宏也不例外。

马斯洛的需求层次理论告诉我们，安全的需要要求职业安全、生活稳定、希望免于灾难、希望未来有保障等。安全需要比生理需要更高一级，当生理需要得到满足以后就要保障这种需要。每一个在现实中生活的人，都会产生安全感的欲望、自由的欲望、防御实力的欲望。

安全感，其实就是一种原始的欲望。只不过对于刘宏而言，这种欲望来得比任何人都要更加强烈。每天担心着看不到明天日出的刘宏，有种烈火焚身的灼伤感。他必须获得有保障的安全，而不是站在太监、外戚的中间任人宰割。

刘宏开始思考一个问题：怎样才能获得安全感？

安全源于实力。这正是刘宏所欠缺的。

此时的朝政，已经完全被宦官势力所把持。曹节、王甫等老一辈的实力派太监渐渐淡出了历史舞台，但新一辈的偶像派太监正如旭日东升般强势崛起。他们中的代表人物就是以张让、赵忠为首的"十常侍"组合。十常侍操控朝野大局，掌握军政大权，他们的父兄、子弟、婚宗、宾客典据州郡，他们的光芒无与伦比，他们是太监中的太监、阉人中的阉人、宦官中的宦官。

"十常侍"是史上最强的太监组合，没有之一。他们永远被模仿，从未被超越。

在"十常侍"耀眼夺目的光芒下，人们几乎看不到刘宏这个小屁孩的存在。但他以自己的实际行动，向世人展示了一个观念：野百合也有春天。

就在这个春天，刘宏确立了自己的人生观和价值观。他彻底明白了自己想要什么，该怎么要。

于是他首先做了一件事儿，一件让刘氏王朝蒙羞、让全体百姓耻笑、让千古史家唾骂的事儿。

他公开宣称："张常侍是我父，赵常侍是我母。"

这个家庭组合，可能也是史上最奇特的了，也没有之一。

硬被撮合成一对的张让、赵忠表示情绪稳定。他们将牵着刘宏一起，携手奔向美好的新生活。

中国历史上出过不少"儿皇帝"，但认太监为父母的，除了刘宏之外没有别人。

众所周知，一个认太监为父母的皇帝肯定是个没出息、没追求、没有政治理想、没有远大抱负的家伙。

但所有人都错了，刘宏的确放弃了不切实际的政治理想，但从未放弃过对安全与自由的追求。

他没有权力，也没有任何获得权力的可能。但他还可以通过获得另一样东西，找到属于自己的那份安全感。

这样东西就是——钱。

众所周知，皇帝都很有钱。

但刘宏没什么钱。甚至可以说，他是个不折不扣的穷人。

每年国家机器都在打着皇帝的旗号向纳税人征收着大量的税收，但归于国库的田租及人身税最后都神不知鬼不觉地流向了永远贪得无厌的太监们及其爪牙的口袋里。皇帝能动用的私房钱，只有各类杂税归入的内库。原本光武帝他老人家一辈子辛勤奋斗，留下来的内库储备是非常充裕可观的，但经过十几代前辈的不懈努力，内库里面也就仅仅剩下几条内裤了。刘宏每次看着这空荡荡的内库就想哭，人家地主家好歹也有几斗余粮啊，自己身为皇帝，居然没有一分钱存款，想买根糖葫芦都得跟太监面前低三下四地说好话。老头子当县令时家里就不怎么宽裕，一个亭侯食邑不过百户，收入大致和一个二千石吏相仿，拿份死工资，又不能像一般的地方官员一样巧取豪夺，没有什么预算外的灰色收入。现在好不容易当皇帝了，难道要让自己的儿子也继续过着没有鲍鱼下饭的苦日子吗？

不行，我要改变这种现状，我要努力，我要赚钱，我要成为这个国家最有钱的人。

在阅读了大量《穷爸爸，富爸爸》《我的成功不是梦》《致富的秘诀》《炒股就这么几招》之类的成功学著作后，刘宏开始踏上创业之路。由于如今东汉的内库比苍井空还要空，因此刘宏基本上属于白手起家。但他不等不靠，充分挖掘和利用自身的优势，创造出一段脍炙人口的财富传奇。

与许多沿海发达地区的投资者一样，刘宏的第一桶金来自于对外贸易。当然，别人卖的都是什么衬衫、打火机、发夹、避孕套之类的小商品，刘宏卖的商品比较特殊。

确切地说，他什么也没卖。

东汉王朝，国力昌盛，万邦来朝。泱泱中华是礼仪之邦，到了咱们这儿就得讲咱们的规矩。反正远来的都是客，是客就得送礼，礼轻情意重，礼重情更浓。刘宏敏锐地在其中嗅到了一股铜臭味十足的商机。东汉的规矩，这礼金钱跟个人所得税一样，都是直接进国库的，本来不关刘宏什么事儿，但他本着"无中生有"的商业理念，硬生生地从中抠出一笔"导行费"来：外邦、各郡、各封国每次进贡，未纳入国库前，他就先行抽成据为私有，直接送进皇宫，把公款挪用成私房钱。

可这么一来，太监们不干了：本来这笔钱是咱们的公用福利，每年的公款旅游就指着这笔钱开支了，凭什么你皇帝一伸手就得雁过拔毛？

知名"忠宦"吕强率先发难，上奏质问刘宏的这种挪用公款、贪污腐败的违法违纪行为。

"导行费"制度得不到广大太监朋友的支持，这个发家致富的项目眼看就要流产。但刘宏看上去一点也不着急，他早就胸有成竹：没关系，有钱大家赚，我刘宏不是那种见利忘义之人。

种种迹象表明，十常侍中的首脑人物、刘宏的干爸干妈张让、赵忠以实际行动支持了一回干儿子。他们亲自参与了"导行费"的收取与分赃，并把敢于质疑此项制度的吕强严厉地批评了一顿。至此，"导行费"成为了东汉王朝的长效机制，也成为了刘宏发家致富的第一桶金。

和许多有钱人一样，刘宏的第一桶金也算不上太干净。但就这么着吧，谁管得着呢。

有了启动资金，事儿就好办了。事实证明，刘宏是个有着绝世经商头脑的买卖人，给他一根扁担，他就能撬动地球。

刘氏实业投资有限公司的第一项投资：后宫商业街。

刘宏发挥出前所未有、空前绝后的庞大魄力，在素来远离市场经济的后宫中开辟出一条仿南京路、王府井格局，集商贸、休闲、餐饮、娱乐为一体，坐拥多处景观式建筑，面向中高端消费群体的大型商业步行街，着力打造"后宫十分钟经济圈"的顶级CBD。该商业街秉承国际上最流行的Shopping Mall经营模式：东区专营国际一线品牌的化妆品、首饰；西区专营惹火系列女性情趣内衣；北区专营书画、古玩；南区为娱乐休闲区，提供泰式按摩、中式推油等各类特色服务；中区为餐饮休闲区，有饭店、酒吧、茶楼、咖啡馆，并有天津快板、东北二人转等小剧场演出。

现在，刘宏的名片上印着的头衔有：东汉帝国国家元首（名义）、刘氏外贸有限公司CEO（兼任）、刘氏实业投资有限公司董事长（终身）、东汉后宫商业街总设计师……

不管从哪个角度来看，二十岁出头的刘宏都已经算得上是一位事业有成的成功人士了。

什么？成功？我才刚刚上路也。

没有什么能够阻挡刘宏对于财富的渴望与追求。

刘氏实业投资有限公司的第二个目标：房地产。

这年头，还有什么比炒房子更赚钱的呢？答：炒地皮。刘宏通过一定的关系渠道，买通老家河间县的有力人士，以地方政府进行市政设施改造的名义，大量征收该县闲置土地，并通过修建小高层住宅群、高档别墅群、多层景观楼群等方式，提高土地容积率，拉动当地房价节节攀升。短短的几年时间内，刘宏就赚了个盆满钵满，他不禁感叹道："收保护费不如送保护费的，盖房子不如卖房子的。"

刘宏之所以被称为有史以来最成功的商人，不仅因为他会赚钱，还因为他有一项独一无二的特长，那就是理财。

你不理财，财不理你。会赚钱的人多了去了，收保护费、炒房地产这两件事儿随便换个黑社会的老大都会，但刘宏与黑社会不同的地方在于他有一颗天生会理财的脑袋。为应对可能出现的通货膨胀、金融危机什么的，刘宏将旗下的资产分为几块：一块作为刘氏实业投资有限公司的流动资金，用于商业投资；一块投资房产、地皮等固定资产；一块以现金形式，分别存入"十常侍"开办的信贷担保公司，为中小企业提供高于央行利率的贷款；最后一块以黄金、白银、珠宝等硬通货形式，存放在位于后宫西园的小金库内，作为应急战略储备。

这简直能成为一个经典的理财案例。当代的神马所谓理财大师、投资专家，在刘宏面前都是浮云。

在刘宏的精心运作下，刘氏实业在短时间内一举成为了横跨外贸、零售、地产、娱乐、金融等领域的商业大鳄。但前期公司规模、产业形态的迅速扩张必然导致了一个不良后果：资金链出现结构性短缺。现金流出现问题是非常严重的，刘宏的后宫商业街二期扩改项目、河间县房地产追加投资计划、十常侍信贷融资方案，这些都需要空前的、大量的现金。眼前能直接看见效益的来钱渠道只有"导行费"了，可"导行费"这玩意儿毕竟有限并且来得慢，你总不好意思成天催着友邦赶紧进贡吧。

怎么办？

事业大了也有事业大的烦恼。刘宏办公桌上的账单堆积如山，他每天急得如热锅上的蚂蚁般团团转。不行，我为刘氏实业付出了如此多的心血，它已经成为我实现人生价值的唯一平台，眼前公司正走到了一个关键的岔路口，往前就是一马平川，往后则没有退路。这么多项目即将启动，这么多员工正在等我开工，我绝不能这样坐以待毙，必须想办法主动出击，寻找新的盈利模式，挽狂澜于既倒。

刘宏找到了自己的爸爸、妈妈——张让、赵忠两位太监首领，向他们倾诉了自己目前的困难和苦衷，请求他们给予思想上的指导和政策上的支持。

谁知张让、赵忠听完刘宏的倾诉后，都情不自禁地笑了。

"我说宝贝儿子，你这不是捧着金饭碗要饭吃吗？古语说得好：要致富，少生孩子多加赋。咱们国家的老百姓手里有的是钱，不借点来使使怎么对得起你屁股下面的这张椅子？先帝泉下有知，也会骂你脑残无用的。"

没错，我等的就是你俩的这句话。

有了太监的支持，刘宏就可以肆无忌惮地启动加税计划了。他当即召集了税务、工商、公检法司等相关部门，连夜举行碰头会，商讨加税事宜。

在进行了充分的调研和考察后，刘宏惊喜地发现，原来加税这件事儿，绝对没有想象中那么难。

东汉自光武帝始，实行的就是三十税一制，相当于每个纳税人只要缴纳3.33%的个人所得税，剩下的都是合法收入，个税低到无法想象，简直堪比英属维京群岛。桓帝年代因对羌族用兵，开征田亩附加，每亩附加了十钱，但此时的税赋依然不算太重。两百多年的休养生息低税赋制度让老百姓手里普遍都有几个闲钱，刘宏要做的，就是学先皇桓帝的样，找个名目，把老百姓手里的这点闲钱想方设法给抠出来，藏富于民的感觉怎比得上藏富于我。

名目很简单——修宫殿。那个年代没有对公共部门修建楼堂馆所的管制措施，你修个白金汉宫、克里姆林宫也没谁管得着。老规矩，每亩再加附加费十钱，你还别嫌多，还不打折。

百姓的钱如流水般朝着刘宏、张让、赵忠这神奇的一家人口袋里涌入，挡都没法挡住。东汉王朝一举摘掉了"民富国穷"的帽子，财政收入连创新高，形势喜人。与此同时，刘宏还在计划经济与市场经济的转型阶段大打"擦边球"，利用中央政府的专营、专卖权等垄断手段，走"官倒"路线，倒买倒卖木材、石料等重要物资。他下令各州郡输送材木、文石到京城洛阳，让宦官掌握验收大权，检验时百般挑剔，判定不合格的，强迫各州郡以原价的十分之一贱卖，宦官随后又卖回给各州郡，赚取大量差价。

你能想象得到的赚钱方式，刘宏几乎都尝试了个遍。但他仍嫌来钱太慢。

为什么？

因为虽然加了税，但你总得等粮食成熟了才能收上来吧，这就有个周期。倒买倒卖物资也有弊端，那就是来回运输需要时间，资金回笼同样需要时间，总之一句话，就是不过瘾。

那要怎样才能最快？怎样才能过瘾？

一个人告诉刘宏：有这样一种商品，它的利润远超过毒品和军火，在这种商品面前，你所搞过的那些什么"导行费"、商业街、房地产、高利贷、田亩附加、倒卖物资，都好比幼儿园里小朋友的游戏。

这可能是地球上自有人类以来最赚钱的买卖。

说话的人是刘宏众多母亲中的一位最不起眼的——他的亲生母亲董太后。

众所周知，刘宏有着多位母亲：法定的窦太后、亲生的董太后、临时认的太监赵忠。整个国家里面，也许只有他有资格在"母亲"的后面加个"们"字。窦太后、赵忠两位母亲都在他的人生轨迹里画下过浓墨重彩的一笔，现在也该轮到董太后她老人家登场了。

说到赚钱，可能没谁能比董太后更为热衷了，窦太后、赵忠在赚钱之余，还有点争权夺势、仗势欺人之类的其他业余爱好。但董太后没有。她是个单纯的人，自当上太后起，她的人生就只有一件事：赚钱，赚用不完的钱，赚几辈子也用不完的钱。

据史料记载，董太后曾积极为刘氏实业的发展出谋划策，投资河间县房地产开发就出自她的得意手笔。眼看着刘氏实业运转不利，作为刘氏实业投资专业顾问、幕后股东之一的董太后自然不能袖手旁观。她向刘宏指明了一样史上最赚钱的商品——官帽。

这也成为压垮东汉王朝的最后一根稻草。

因为无论是导行费，还是房地产，还是高利贷，还是田亩附加，还是倒卖物资，都还未伤及到东汉王朝的根本——世族阶级的利益，但卖官这件事，让世族伤不起。因为东汉王朝一直以来就沿袭着孝廉推举的选官制度，虽然一定程度上履行公推公选的程序，但实际上重要职位一直都被门阀世族所把持。无论外戚掌权还是宦官掌权，都还不敢轻易去撼动这一基层官员任免的机制，东汉江山也得以在外戚和宦官的轮番折腾下延续两百多年的正常统治。但现在刘宏在董太后的友情提示下，觉得老规矩要改一改了：

凭什么官帽都给你们这几家？这玩意儿也应该像地皮一样，公开招投标，价高者得！

刘宏成功地将房地产行业的思考模式引入官员选拔任免工作。事实证明，作为一名成功的商人，刘宏还是非常厚道的，至少他卖出的商品，都是明码标价、童叟无欺。

公元178年，刘宏设立了一个专门的卖官机构：西邸。官帽的价格如下：年俸2000石的官位，即州牧、郡守等省部级官员，标价2000万钱；年俸600石的官位，即县令之类的县处级官员，标价600万钱；年俸400石的官位，标价就是400万钱。以此类推。爵位价格如下：公爵1000万，卿大夫500万，关内侯400万，同样级别的地方官比京官更贵，地方官按照地域经济之差又分出价格高低。为了激励大家出钱的踊跃性，求官的人还可以估价投标，出价最高的人就可中标上任。总之一句话，除了皇帝和皇后的帽子不卖，其他帽子价高者得之。

全中国的有钱人终于站起来了！

对于投机倒把分子、房地产奸商、黑社会、毒贩、走私犯来说，这是个空前绝后的好年代，他们可以肆无忌惮地用黑色收入换来合法官位，然后再变本加厉地向百姓伸出贪腐之手。

对于以知识分子为中坚力量的中产阶级和以普通农户为主的无产阶级来说，这是个尊严沦丧的年代。任何人只要出了钱，就可以肆意地侮辱他们、欺凌他们、剥削他们。这个社会唯一评价个人价值的标准只有金钱，而不是品德、学识和教养。

这是个人生观、价值观、世界观全面崩塌的年代。人们用四个字来形容这种景象：礼崩乐坏。

但一辈子从未走出过皇宫的刘宏不知道这些，也不用知道。他唯一需要担心的只有一件事：市场。

说到底，不管商品是什么，这毕竟只是桩买卖。是买卖就得按照市场规律来。亚当·斯密说过，有只看不见的手引导着这个神秘的市场。这官帽市场刚开始是绝对的卖方市场，就像20世纪80年代抢收音机、抢上海表一样，甭管好坏，只要摆上货架就被人们一抢而空。可由于经过了多年来的加赋、官倒、房地产泡沫等层层盘剥，东汉的人民已经不像从前那样富裕了，贫富差距日益拉大，全国99%的财富掌握在1%的人手里，而这1%的人群已经花钱买了官，你总不能让他们辞职再买一遍吧。

拉动官帽内需成了摆在刘宏面前的一道重要的课题。好在领导的智慧是无穷的，刘宏采取了变相打折的方式，通过撬动价格杠杆来激活市场。他制定了这样的营销策略：一次性付清总价的，在九五折优惠的基础上另享九七折上折；同时，还为手头略紧的买官人士提供贴心的银行贷款按揭，首付三成，二十五年任期内付清。

这个薄利多销的营销思路再次掀起了一阵买官炒官的狂潮。这场世纪大买卖一直从光和元年（178）做到中平元年（184），也就是说，官帽一直卖到了离刘宏嗝屁只有五年的时间，刘宏爱岗敬业的精神还是值得钦佩的。整个东汉帝国疯了：实体经济一潭死水——谁还愿意拿白花花能换官帽的银子去搞见效缓慢的三农经济；文化体系彻底崩溃——谁还愿十年寒窗地背诵什么论语英语；道德底线彻底沦陷——一个"笑贫不笑娼"的年代向我们走来了！

作为商人，刘宏是成功的，而且可能是有史以来最成功的一个，他赚到了能让自己获取足够安全感的金钱。可作为皇帝，刘宏身上最大的缺点就是从没把自己当皇帝看过，他是个商人，而且只是个普通商人。

但作为商人的刘宏还是犯下了一个错误，他忽略了商人除了赚钱之外，还要承担社会责任——搞商业，也要讲商道。

涸泽而渔、杀鸡取卵，赚的只是一时的快钱，赔掉的，却是所有客户的人心。

中平元年（184）二月，经过了长达六年的卖官风潮，各州郡受苦不堪、穷困潦倒、易子而食的百姓们意外地发现，有首堪比《爱情买卖》和《伤不起》的神曲开始日益流行，这首歌曲的歌词比较简单，只有四句：

"苍天已死，黄天当立，岁在甲子，天下大吉。"

没错，这就是众所周知的太平道、黄巾军。忍无可忍的广大农民朋友终于放下锄头拿起刀枪，用鲜血来跟商人刘宏算一算这些年来的老账。

从张氏兄弟带头起事到全国各地响应，一共还没花上十天时间。大伙已经受够了。

刘宏此时在干什么？

他正在做一个有钱人应该做的事儿——花钱。

毋庸置疑，刘宏是个不折不扣的奸商，啥犯法他干啥，但他绝不是一个守财奴，而是一个合格的暴发户。像大部分的暴发户一样，刘宏主要把钱花在了以下几个方面：女人、豪宅以及附庸风雅。当然，刘宏在花钱方面展现了不亚于赚钱的天赋，他绞尽脑汁创造了许多专利发明，为这个世界增添了不少新鲜事物。

专利一：开裆裤。刘宏命令宫中所有的嫔妃和宫女都必须穿着开裆裤，而且里面什么都不穿，为的就是临幸起来方便，直接按倒就成，否则还要宽衣解带，岂不是扫了龙兴？

专利二：裸游馆。中平三年（186），刘宏在西园修建了一千间房屋。让人采来绿色的苔藓覆盖在台阶上面，引来渠水绕着各个门槛，到处环流。渠水中种植着南国进献的荷花，花大如盖，高一丈有余，荷叶夜舒昼卷，一茎有四莲丛生，名叫"夜舒荷"。当夏天到来的时候，他就选择肌肤如玉、身体轻盈的宫女执篙划船，摇漾在渠水中。有时盛夏酷暑，他还命人将船沉没在水里，观看落在水中的裸体宫娥们玉一般华艳的肌肤。这些宫女的年纪都在十四岁以上十八岁以下，正值青春年少，妖娆如花。汉灵帝看着她们载沉载浮，莺歌燕语喧闹一片，自然心怀大畅，不免也下水与她们"裸游"一番。所以，他就给这处花园赐名为"裸游馆"。

专利三：流香渠。西域进献了茵犀香，刘宏就命人煮成汤让宫女沐浴，把沐浴完的漂着脂粉的水倒在河渠里，称作"流香渠"。

专利四、专利五……

据不完全统计，刘宏以短暂的二十一年皇帝生涯，拥有了数十类涉及两性、音乐、建筑、宠物等多项领域的发明创造，并公开发表淫词、艳赋、十八摸等作品近百篇，为后世的暴发户提供了不一样的享乐生活思路。从某种角度来说，刘宏在对某一阶层人类的贡献上来说绝不逊于爱迪生。

当刘宏仍旧醉心于赚钱和搞发明时，外面的世界早已乱成一片。黄巾军四起，各地的宗室贵族、州郡长官、地主豪强借打击黄巾军的名义公开抢夺地盘，扩张势力，国家已经变得四分五裂了，皇室成了名存实亡的空架子。

中平六年（189），平均每15天要对付120名宫女、一年360天中350

天在琢磨如何扩大财富的青年企业家，一生中拥有多项发明专利的科研标兵刘宏，终于扛不住了。他已经33岁，超过了东汉诸帝的平均寿命30.5岁。临死前，刘宏的三位母亲坐在他的床前抹眼泪。但刘宏苍白的脸上，却露出了一生中难得一见的笑容——即使是在裸游馆里和十来岁的少女嬉戏时，刘宏也很少笑。他的一生，只用来与时间和命运争夺享受的权利。此时此刻，此情此景，刘宏不由得不笑，他终于卸下了一生中放在心头的重负，再也不用担心太监和外戚来撕票了，他得到了梦寐以求却始终没得到的东西——安全感。此时的他，再安全不过。他可以像一个普通百姓那样，安全平静地走向彼岸。

临终前，刘宏问了母亲——自己唯一的亲生母亲董太后最后一句话："如果二十一年前来到洛阳的不是我……"

贰

南齐永元帝萧宝卷：一个杂技演员的平凡与梦想

毋庸置疑，萧宝卷同学拥有一个快乐无比的童年。在零到十六岁这段美好的时光里，他不用背英语，不用学奥数，不用弹钢琴，不用下围棋，甚至不用打扫教室，他唯一要做的就是玩，可劲地玩，玩遍所有感兴趣的东西。没谁有空管他，因为他的父亲齐明帝萧鸾也有着自己的兴趣爱好——相比于管教儿子，他更喜欢造儿子。在弄权和杀人的日常工作之余，萧鸾完全利用业余时间，造出了十一个儿子和若干女儿，这还没算上一大批早夭的。与许多好吃好喝却一个儿子都没有的皇帝相比，萧鸾属于爱岗敬业的楷模，他成功地把皇位传给了自己的亲生儿子，保住了下一任皇帝亲生父亲的宝贵位置，而不是干爹。

同时，萧鸾还痴迷于道家厌胜之术。用刀杀人已经不过瘾了，每天不弄几个画满生辰八字的小人扎扎就像做买卖亏了钱似的。这也是老萧家固有的门风。早在南齐建国时起，开国皇帝萧道成就非常讲究传统国学——道家谶纬学，善于利用谶书来指导自己的各项工作。传到萧鸾这代，他更加发扬光大，将道术与帝王心术有机地结合起来，在意识形态和权术阴谋方面两手抓，两手都要硬，不择手段打击异己势力。一时间，萧鸾玩得是风生水起，对朝政的掌控游刃有余。

但萧宝卷并没有继承父亲的任何东西。他自顾自健康而没心没肺地成长着。萧宝卷对一切新鲜事物都拥有难能可贵的好奇心，当然，除了父亲的那套之外。首先，他特别喜欢掏鼠洞——这从一个侧面说明老萧家虽然有重视风水道法的传统，但在住房卫生方面并不是特别讲究。萧宝卷对掏鼠洞这项活动的热爱达到了痴迷的程度，每当夜色降临，他就准时地守在东宫的老鼠集聚地，掏鼠洞、抓老鼠，忙得不亦乐乎，连野猫都没这么勤快。几年下来，东宫的耗子见了萧宝卷比见了猫都怕，心想见过爱管闲事的，没见过这么爱管闲事的。以灭鼠工作而言，萧宝卷走在了历史的前沿，如果搁在现在，他早就弄到个爱卫办主任之类的头衔了。

当然，掏鼠洞只能算是一个业余爱好，他隐藏在皇子光环下的正式身份是：杂技演员。

萧宝卷不是个天生聪明的孩子。他的文化成绩一直都是南齐众臣的谈资和笑柄，并且与二战时期著名的英国国王乔治六世一样，萧宝卷是个口吃，由于这一点，他不太爱说话，更不会发表演讲。但上帝关了一扇门，必定会给你打开一扇窗。天资一般的萧宝卷拥有无与伦比的杂技天赋。史料记载，萧宝卷膂力惊人，可以将七尺多长的幢担在肩上，任凭宫廷弄臣们在幢上翻跟斗、打把势，而自己却稳立不动。这时的萧宝卷还未满十六岁！看来老萧家的伙食水平并非浪得虚名，而且也有添加兴奋剂之嫌。这已经不是"天生神力"四个字能形容的了，可以这么说，人类已经无法阻止萧宝卷在杂技领域里一枝独秀、烁古耀今了。同时，萧宝卷还发明了木马技、傀儡戏等新戏种，并对百戏、杂乐、手技等传统的杂技项目结合现代元素进行了改良创新，在理论和实践两个领域均推动了杂技这门古老的艺术形式取得新发展。在他的带领下，南齐从宫廷到民间掀起了杂技戏法热，男人不会翻一两个跟斗什么的绝对找不着对象，女人不会变一两个小魔术的话出门简直不好意思跟人打招呼。杂技成了南齐人民最喜闻乐见的艺术形式，上至春晚，下至百姓大舞台，杂技都是主打的品牌节目，其风头远远超过了小品、相声和广场舞。

这是杂技最好的年代。

这是南齐最好的年代。

这是萧宝卷最好的年代。

但这个年代即将过去。

家里有老人的可能都清楚地记得这个日子：公元498年7月1日——当然，您要说7月2日也行，没人较这个真。平生玩弄权术成性、爱好杀人和造人、痴迷于道家厌胜之术的萧鸾即将走到生命的尽头。临死之前，他心满意足地看着床边跪满一地的儿女和臣子，把自己多年当权以来积累的工作经验浓缩成一句话，悄悄地说给离自己最近的太子萧宝卷听：

"做事不可在人后。"

萧宝卷似懂非懂地、纯属礼节性地点了点头，于是萧鸾就无牵无挂地离开了他战斗了四年的工作岗位。萧宝卷正式登基，定年号永元。

如果萧鸾泉下有知，能知道萧宝卷此时正在想些什么，他非得复活后再被气死几次。

萧宝卷正在一边点头，一边认真思考自己的新戏法：啄木幢技。

从某种意义上来说，啄木幢技拥有超越时代的伟大意义。这是一项革命性的技艺，它的内涵就在于挑战人类生理的极限，挑战物理学的极限，挑战视觉冲击的极限。

对于啄木幢技，萧宝卷已经思考了很久很久。他为之痛苦辗转，为之魂牵梦萦，为之不眠不食，在他的内心深处，啄木幢技就像一个永远可望不可即的海市蜃楼，他伸出手去，却只能摸到一片虚无。就在萧鸾走向死亡的那一瞬间，萧宝卷对于啄木幢技的思考琢磨也达到了一个龙虎交会、万古难遇的关口。突破了这个关口，啄木幢技就将呼之欲出，萧宝卷将因这一奇迹而永载世界杂技史，成为一位不朽的杂技表演艺术家；突破不了，萧宝卷就将一生徘徊于巅峰的杂技艺术之外，充其量只能算得上是一个还不错的杂技演员，偶尔能冲击一两次金小丑奖什么的。

说到这儿，究竟什么是啄木幢技？

幢乃是一种木制杂耍器械，通常是以肩或手顶之，然后令一两个身体轻便之人跃于其上，翻腾跳跃，以博人一笑。前文已经说过，用手、用肩玩幢对于萧宝卷来说简直就像吃饭走路做爱一样平常，哪怕是用头、用大腿、用脚，都毫无挑战性可言。多年的玩幢生涯里，萧宝卷全身上下只有一个部位没有尝试过——别想歪了，这个部位是嘴。

没错，就是嘴。

萧宝卷打算用牙咬住长达七尺有余的大幢，上面还要站着一两个太监——当然，太监要事先吃左旋肉碱减肥三个月。然后，太监还要在幢上面蹦跶，幢下面苦苦支撑的萧宝卷还要强行露出取悦观众的笑容！

萧宝卷用实际行动诠释了什么是自虐。

想到做到，说干就干。思考，对萧宝卷而言是件非常困难的事；但实干，则是他的强项。与大脑相比，萧宝卷的四肢发达程度与其数量成正比，并且这种发达趋势延伸到了除大脑之外的其他各重要部位，尤其是牙齿。他的一口钢牙在南齐朝廷里是出了名的咬不烂，不仅没有什么龋齿和牙周病，连一颗长歪了的都没有。并且牙好胃口也好，身体倍儿棒，吃吗吗香，当个牙膏品牌的形象代言人是一点问题都没有，人送诨号"金口玉牙"。

但如果各位有拔牙经历的话，就会知道，牙医只需要用一把貌不惊人的小钳子，就能兵不血刃地扒光你满嘴的牙。实践证明，再厉害的牙，也经不起小钳子拔，更经不起大棒子撬的。就算你贵为皇帝，也没法抗拒这自然规律。嘴里叼着根七八十斤的大棒子，上面还有两个人在跳舞，其力度相当于三百多个牙医同时在撬你的门牙。别说是金口玉牙了，就算是金刚石造的，也得撬出个豁儿来。萧宝卷虽然天赋异禀，却也是肉体凡胎，不是金刚葫芦娃，没过多久，两颗门牙就不出意料地光荣下岗，接着三颗大牙又主动辞职，一条龙舌像是被仙人球滚过一样，两片嘴唇活像两条腊肠挂在脸上。知道的人认识萧宝卷是皇帝，不知道的人还以为是哪个难民营跑出来的倒霉哥儿们。

关键在于，萧宝卷目前的正式职业还是皇帝而不是杂技演员，行政编制还挂在南齐皇宫，每天不管乐不乐意，都得顶着这副尊容上朝。这太考验大臣们的心理承受能力了——谁愿意一大早上班，就不得不面对一个脸长得跟车祸现场似的上司？但没办法啊，谁让他给大伙儿发工资呢，只有忍着心里难以言表的不爽，该怎么行礼还怎么行礼，该怎么汇报工作还怎么汇报。尽管工作照旧，但大臣们的不满已逐渐写在脸上，大家的表情日益难看，南齐朝堂的工作氛围日渐压抑。

但最不爽的人不是大臣，而是萧宝卷本人。一方面是口腔溃疡、牙龈肿痛、嘴角渗血，整个嘴巴里连块好皮都找不着，啄木幢技的练成还遥遥无期；一方面每天还要看着大臣们的黑脸，听着那些无聊的钱粮谷政、国计民生、工业项目、计划生育、精神文明建设什么的，还不能打瞌睡不能偷看小人书。萧宝卷一气之下，做出一个足以影响历史走向的重要决定：

你们爱怎么着怎么着吧，老子不伺候了！

十六岁的萧宝卷开始了他的翘班生涯，用专业术语来说，这叫作停薪留职，又名吃空饷，属于机关效能的重点整治对象。除了还保留皇帝的编制之外，萧宝卷整天干着与皇帝根本不挨边的事儿——专攻啄木幢技这项杂技学的世界性科研难题。据知情人士报道，萧宝卷每天的日程安排如下：

凌晨三点至中午十二点，睡觉；十二点至下午一点，午餐；一点至三点，午休；三点至六点，研究啄木幢技；六点至七点，晚餐；七点至七点半，观看南齐新闻联播；七点半至凌晨三点，欣赏不健康的歌舞表演，临幸嫔妃……

这就是皇帝萧宝卷的幸福生活。

这就是南齐这个神奇的国家幸福生活的缩影。

摊上了这么一位不爱好本职工作的领导，南齐人民普遍表示情绪稳定。因为实践证明，情绪不稳定的人，往往下场不会太好。

江祐、江祀这两兄弟就是最好的反面教材。

江祐、江祀不是普通的南齐人民，事实上，他们拥有两重非常特殊的身份，这两重身份让他们觉得到了该管管萧宝卷的时候了。

他们既是萧宝卷的表叔，又是已故的南齐明帝萧鸾生前最信任的顾命大臣。最要命的是，他们俩都不爱好杂技这门国学，根本无法理解萧宝卷对杂技事业的追求和热爱。

江祐和江祀多次劝谏萧宝卷勤政爱民、不得迟到早退消极怠工、工作时间不许临幸宫女什么的。按说这也没什么，他俩不是第一个这么干的，也绝不是最后一个这么干的，在他俩前后，许多大臣没事儿就上书劝谏一番，不仅萧宝卷早就习惯了，连宫廷御用收废纸的老王都习惯了。萧宝卷对于这些人的态度向来都只有四个字：不予理睬。反正你上你的书，我练我的杂技，大家各自管好自己的事儿，井水不犯河水。大臣们也都没把这事儿当真，大家都是混口饭吃，何必要跟自己的顶头上司较真？老板不管事儿正好，自己也可以偷点儿小懒、贪点儿小污、把子女安排出国留学什么的。要哪天萧宝卷真浪子回头管起事儿来了，大伙儿的日子未必有现在这么好过。

就这么着吧，这年头谁把原则当回事儿？

答：这样的人不多，但南齐还有两个，那就是江祐和江祀这对兄弟。

对于上书之后萧宝卷依然我行我素的恶劣态度，江祐和江祀兄弟多次公开表示非常不满。毕竟两人是顾命大臣，位高权重，萧鸾老爷子生前都说了，要萧宝卷这小子凡事得听咱们的。这下倒好，不仅咱俩说的一句没听进去，连句"我知道了"的象征性回复都没有，据说奏折用的纸都被太监捡去用来包肉了，这叫咱们情何以堪？

隔了一段时间，江祐和江祀不上书了。他俩开始上马另一个重大项目：密谋换帝。

在这里插一句，大臣没事儿换皇帝玩这种事情，在南北朝年间不算稀罕。远了不说，萧宝卷的父亲萧鸾当皇帝前就废杀了萧昭业，改立其弟萧昭文，而后又废杀萧昭文自立为帝。江祐和江祀两兄弟向来喜欢紧跟老领导的脚步，以老领导为学习榜样，既然萧宝卷不尿咱们，咱们也不尿他，把这倒霉孩子换掉拉倒。

但萧宝卷不是萧昭业，也不是萧昭文。他除了琢磨杂技之外，闲暇之余，偶尔也会思考一句话——萧鸾临终前留给他的唯一一句话：

"做事不可在人后。"

我国五千年的历史留下了许多璀璨的科技文化，有活字印刷，有指南针，还有木牛流马、诸葛弩、八卦阵什么的，都挺不错，当然，也有韩国人说这些都是韩国人发明的。但有一门学科，别说韩国人了，就算是火星人，在地球灭亡之前可能也永远无法达到咱们的高度。这门学科有一个显赫的名字，叫作帝王心术。

这是一门无法建立数学模型、无法用逻辑语言描述、无法用任何科学理论阐述的学科。她是人类智慧的巅峰之作，她集合了人类史上所有神秘主义思想的元素。事实上，在这门学科上造诣最深的往往不是知识分子，而是一些地痞、流氓、恶霸和丘八。总而言之，这和文学一样，是一门实践的学科。每个人都只有通过实践的方式，才能掌握其中的精髓。帝王心术最重要的就是一个"心"字，万事存乎一心，无以言传。

但萧鸾试图将这门实践的学科理论化。当然，他的理论并不复杂，就这么一句话："做事不可在人后。"

每个人对这句话可能都有不同的理解。其实，这句话的内涵和外延均非常丰富，代表了一种行事的风格和态度，涵盖了对人心的揣摩、对时机的把握、对大势的判断，是帝王心术的最高境界，足以让人用一生的时间和阅历去领悟它的真谛。但无疑萧宝卷出于文化水平的原因，对这句话的理解有些肤浅，他将这句七个字的话又简单地翻译成了五个字：先下手为强。

由于江祐和江祀两人上了一点年纪，行动较为磨叽，密谋了半天也没下决心动手，反倒被卫尉刘暄告发到萧宝卷那里，正在训练啄木幢技的萧宝卷二话没说——没法说话，嘴里还叼着一根大幢呢。他立即签署了擒杀两位表叔的谕令。

江祐和江祀这俩不爱好杂技的表叔就这么轻松地被干掉了。十六岁的萧宝卷体会到了皇权的威严和力量，原来，当皇帝就这么简单，谁烦我我就砍谁，不必听从任何人的唠叨，自己想干吗就干吗。这工种，比练杂技的可容易多了。

当然，江祐也没什么可抱怨的。永元年间，在被萧宝卷弄死的无数人中，他不是第一个，也绝不是最后一个。这串长长的受害者名单包括了司空徐孝嗣、右将军萧坦之、领军将军刘暄，以及起兵叛乱的始安王萧遥光、太尉陈显达、将军崔慧景……

所有在萧宝卷走向一名优秀杂技演员道路上的障碍，都要一个个被无情地毁灭掉。萧宝卷用一种特别的方式，坚定地向着实现人生价值最大化的目标一步步迈进。用一句优美的歌词能准确地表达此时萧宝卷的心情：没有什么可以阻挡，我对杂技的向往。

臣子的鲜血，妇孺的哭泣，百姓的挣扎，都不过是这条路上沿途的风景，作为南齐国主的萧宝卷无须牵挂，无须流连。他的人生就像一段旅程，不必在乎沿途的风景和看风景的心情，在乎的只是那一个属于自己的终点。

即位数月后，萧宝卷迎来了足以载入杂技史的重要一天。

在几十名太监、弄臣、嫔妃众目睽睽的注视下，萧宝卷深吸了一口长气，举起了一根七尺长的白虎幢。只见幢身底部布满了牙印，还有淡淡的血痕。萧宝卷的手有些发抖，但比手抖得更厉害的是他的心。他已经经历过无数次失败，也许，这是最后一次。也许，今天过后，啄木幢技将永远消失于历史的长河中。

为了配合这次人生中最重要的一场演出，萧宝卷还亲自为自己设计制作了一套戏装——杂色锦伎衣。这套戏装包括：尖顶黄色小帽、紧身及膝短衣、红腰带，而且"缀以金花玉镜"。总而言之，他将准备冲击金小丑奖的一身行头都给提前穿出来了。

所有人都屏住了呼吸。灯光聚焦到舞台中央的萧宝卷身上，那身耀眼的杂色锦伎衣在镁光灯下熠熠生辉。这是属于萧宝卷一个人的舞台，这是属于萧宝卷一个人的时间。

"嘿咻！"只听得萧宝卷大喊一声，说时迟，那时快，众人眼前白光一闪，却见那白虎幢如生翼般呼地飞到空中，眼看就要落地那一瞬间，好一个萧宝卷，在那电光石火间张开龙嘴，一口咬住七尺白虎幢，牙齿与大幢相击发出雷鸣般巨响，振聋发聩！

所有人那一刹那都呆住了，谁都忘记了鼓掌。

如死一般的沉寂。

萧宝卷嘴角边有鲜血渗出，但白虎幢没有落地，它稳稳地站在萧宝卷的嘴上，纹丝不动。

萧宝卷静静地站在舞台中央，享受着众人震惊的表情。突然，他又动了起来！只见萧宝卷一个鹞子翻身，口中紧咬的白虎幢恰似活白虎灵魂附体，张牙舞爪地在天空中飞旋。众人眼中只看见一道金光和一道白光交织对舞，谁也分不清人在哪里，幢在哪里，似是人幢合一，又似人幢全无，那一瞬的美感无与伦比。纵使日月变迁，时光飞逝，春秋如梦，在座的众人也永远忘不了眼前发生的这一切。

那一刻的风华，便成永恒。

这就是啄木幢技。

雷鸣般的掌声说明了一切。白虎幢缓缓地回到地面，白虎的灵魂伴随着渐止的鼓点声慢慢离去。满脸鲜血的萧宝卷忍不住掩面痛哭。在萧宝卷短暂的一生中，他习惯于挨老爸的骂，看大臣的白眼，被老百姓戳脊梁骨，甚至被儿童编成歌谣和笑话。他从未体验过成功的滋味。

就让他畅快地痛哭一回吧。历史会记住这位伟大的杂技演员，和他亲自创作并亲身演绎的杂技绝学——啄木幢技。

成功地完成了啄木幢技首秀的萧宝卷随后一发不可收，连续举办了多场个人杂技演出，并独辟蹊径地将独轮车技、傀儡技与啄木幢技结合起来，多元化、立体式地展现了啄木幢技的独特魅力。演出几乎场场爆满，并且每场演出都要应观众要求至少加演两个小时。萧宝卷的粉丝数量几乎超过了"德艺双馨的艺术家"苍井空，并且他们有着自己特有的称号：花卷。

但所有人都不知道，此时，距离萧宝卷的人生终点，已经不足三年了。

换作是你，该怎么度过这余下的三年时光呢？

事实证明，二逼青年萧宝卷比谁都过得更有意思。

同时，这也是南齐王朝最昏暗的三年时光。

因为萧宝卷除了杂技和掏鼠洞之外，还有着如下几项常人无法想象的广泛爱好。

出游。搞定了啄木幢技之后，萧宝卷嫌老待在宫里没意思，就经常到宫外出游。他几乎天天出去，史载一个月三十天里他要出去二十八天，整个建康城无一处不曾游遍。萧宝卷出巡不是背个包、整两包方便面一瓶矿泉水就能凑合的驴行，而是一件重要的大事，道路两边要用锦缎做成高高的帐幔，号称"屏除"，专门令人看守。屏除之内，设有护卫的军队及娱乐演奏的乐队；到了晚上还得点起火把，照得四周明如白昼。皇帝所到之处，要把百姓统统赶走，若是有犯禁的，一律格杀勿论。于是每逢皇帝出巡，就好似强盗过境，百姓们纷纷奔逃，唯恐被他捉住。但萧宝卷喜好无常，谁都不知道他什么时候想出去，想去哪儿。而且，按他的规矩，白天出巡，夜里就开始赶人。于是把警卫部门弄得神经过敏，一有风吹草动，就敲锣打鼓地驱逐百姓。百姓们被弄得惶惶不可终日，不管在干什么，一听到鼓声，立刻就得回避，很多人慌张得连衣服鞋子都顾不得穿。一个月之内二十八天都得过这样的日子，建康的老百姓可算是倒了血霉。而且，老百姓不但不能走在路上冲撞皇帝，就是在屋里待着也不可以，也得一并驱逐。那些富贵人家因此造了很多宅子，免得被皇帝赶得无家可归。但贫苦的百姓可惨了，一旦回避稍慢，就要被驱逐的兵士鞭打，死伤无数。而且皇帝在外边经常转悠到三更半夜才回宫，那些被驱赶的百姓也因此不能归家，在寒冬腊月多有冻饿而死的。不但如此，那些跟从皇帝的护卫还趁机进入富家搜索财物，往往是抢劫一空。于是弄得工商歇业，百姓惶然，自万春门至郊外凡数十里，杳无人迹，几乎把建康城变成了一座空城。

射箭。萧宝卷酷爱射箭，他到处修建射雉场，共有二百九十六处之多，而且把场地装饰得华丽无比，用红绿锦缎做成帷帐及步障。所用的弓箭也十分华贵，都用金银玳瑁之类的珍宝加以装饰。皇帝还对侍卫们进行了专业分工，有专门管帐幕的，有专门管鹰犬的，如此种种，不一而足。皇帝勤学苦练射箭，不久就成绩卓著，能拉得开三斛五斗的硬弓了。有一次，他去郊外的蒋山打猎，到了定林寺，一个和尚来不及跑开，躲在草丛里，被他给发现了。皇帝看到有人敢抗旨不回避，勃然大怒，立刻就要杀了那个和尚。左右有人劝他："一个老和尚，挺可怜的，还是饶了他吧。"皇帝却反驳道："谁让他在草里窝着，你要是看到草丛中有野鹿獐子之类的，难道还不射吗？"于是命令手下一起放箭，当下就把那个和尚射得如同刺猬一般，萧宝卷还不解恨，又亲自对着那个和尚的脑袋射了几箭。

园林建筑。萧宝卷对旧有的宫殿非常不满意，因为当年齐武帝萧赜修建兴光楼，用青漆刷屋顶，可在萧宝卷看来，这也太小家子气了，住这样的房子，出门都不好意思跟人打招呼。公元501年，宫里发生了一场大火灾。那时皇帝正在外面出游，按他的命令，外人不得打开宫门，结果宫里的人烧死无数，三千间房屋烧得一间也不剩。旧的不去，新的不来。萧宝卷正好借此大兴土木，建起芳乐、芳德、仙华、大兴、含德、清曜、安寿等宫殿，每座宫殿都极尽奢华之能事，穷工极巧，富丽堂皇。萧宝卷还非常喜欢园林景致，他把阅武堂改建成芳乐苑。为保持园林常绿，就在城里城外大肆搜刮，见树就取，破门毁院地从居民家里把树木倒腾出来。不少几人合抱的大树，费尽人工移到宫内，没过多久就枝黄叶落。花园的阶庭之内全部用细草铺地，绿色茵茵，都是刮取的草皮覆盖在上头，太阳一晒就枯死了，还得不停更换，以保持常绿常新。同时，为满足二逼青年萧宝卷与众不同的审美爱好，花园里的石头都涂上了彩色，看上去五彩斑斓，光怪陆离；又横跨池水盖起紫阁诸楼，在墙壁上画满春宫画，用来观赏淫乐。

美女。这个爱好不算太特别，毕竟只要是个生理正常的男人，不爱好美女有点说不过去，当然也不排除有个别爱好特殊的人喜欢搞基、娈童什么的，不过萧宝卷绝对性取向正常。虽然他的年纪充其量也就是个高中生，但他从不以高中生应有的正确情爱观来要求自己，而是本着"宁滥毋缺"的态度，撒开膀子来淫乐四方美女。玩归玩，萧宝卷却并非无情之人，在众多与他发生过关系的美女中，他独爱一人——贵妃潘玉儿。据史载，潘贵妃出身贫民家庭，从小就沦为歌伎，也因此练就了一套对男人勾魂摄魄的本领。萧宝卷不幸中招，一见潘玉儿，魂魄全无，原本简单的大脑里除了和她上床之外几乎什么都不想。为了展示美人的风姿，萧宝卷命令工匠用黄金凿成莲花的形状，一朵一朵地贴在新宫殿的地板上，再让他心爱的潘玉儿袅袅婷婷地行走其上。皇帝在一边欣赏着美人轻盈的体态，不禁赞叹道："这真是步步生莲花呀！"

萧宝卷没想到，他脱口而出的这句话影响了中国一千五百多年的审美观。从此，中国男人纷纷对女性的小脚开始感兴趣，将小脚称为"金莲"。波霸在那个年代根本不吃香，再伟大的胸部也比不上一对纤细的玉足。只要能摸到女性的脚，基本上也就能摸到她的全身上下了。萧宝卷也荣幸地成为了中国有史以来第一个被记载的恋足癖。

但与第五项业余爱好相比，这些都只能算是幼儿园的选修科目。因为萧宝卷的第五项业余爱好，是老萧家的传统保留节目——厌胜。

厌胜是道教之中的一门高端学科，主要是利用扎小人、藏镇物、拜神仙、行巫术等高科技手段，对禁忌事物和特定对象进行压制。前文已经介绍过了，萧宝卷的老爸萧鸾对厌胜的爱好到了一种痴迷的程度，并且将这门学科作为帝王心术的重要补充，利用厌胜之术上通鬼神，下驭群臣，玩得可谓游刃有余。到了萧宝卷这一代，虽然杂技是全国第一门显学，但也没放松对厌胜的重视，在对厌胜之术的科研攻关和实际利用两大领域都取得了新的突破。萧宝卷信奉"蒋侯"这个来历奇特的神仙。他本名蒋子文，在东汉末期做秣陵尉，自视甚高，常常说自己根骨清奇，就算生前做不了大官，死后也能当个神仙。有一次到山里捉强盗，被强盗打破脑袋死了。他老先生死后很长一段时间也是老老实实的，没有作怪。可没想到到了三国时孙权建都建业的时候，突然看到他老先生骑着白马，拿着羽扇，在钟山一带晃来晃去。此时距他去世还不远，居然还有人记得他老先生的狂言，于是就告诉了孙权。孙权一听，便封他为蒋侯，在钟山上给他立了一座庙。南朝各朝均建都于建康，所以萧宝卷对这个以钟山为据点的蒋神仙也颇感亲切，把这个神仙供奉在宫中，昼夜祈祷。史称"拜蒋子文神为假黄钺、使持节、相国、太宰、大将军、录尚书、扬州牧、钟山王"，最后奉为和自己一样的头衔——皇帝。在供奉蒋侯之余，萧宝卷不忘将厌胜之术与军事相结合，在宫中身着戎服，以金银做铠甲，遍插羽毛、宝石装饰，给他的马也穿上了银制的铠甲，又遍身插满了孔雀毛。他发给卫士、宫人们金玉做成的兵器，让他们互相乱打，有人假装被打死，就用门板抬出去，作为对敌的厌胜。

厌胜术在萧宝卷手里失去了与天文地理、五行阴阳、运筹谋断并重的帝王之学的光环，彻底地沦为一门普通的实用学科。毕竟萧宝卷钻研厌胜不过是对父亲的一种缅怀和纪念而已，在他心目中，只有杂技才最崇高。

如果光是玩这些，大家也都忍了。毕竟一个热爱户外运动、贪恋美色、喜欢搞点封建迷信活动的杂技演员，砸不了大家的饭碗，只要朝廷的政治体制不变，基石稳固，那么大家还是能保证工资、津补贴按月发放到位，烤火、降温费一分不少，端午有粽子、中秋有月饼，运气好还能在有生之年分上一套公务员福利房什么的。南齐的广大干部认为，这样熬到退休，也挺好。

但萧宝卷做错了一件事，一件足以动摇朝廷基石的事。他不知道，啄木幢技演砸十次没关系，无非是弄掉几颗牙，但政治这东西只要玩砸了一次，就再也没有重来的机会。

公元500年10月，离萧宝卷生命的尽头还有一年多的时间。那是一个月黑风高的夜晚，深秋时节的建康城中，空气中游离着一股肃杀之气。路上没有行人，只有一些诡异的影子，在四处凄厉地飘荡。城楼女墙之上，似有冤魂低声泣诉。就在寝宫昏暗摇曳的灯光下，萧宝卷签署了一份决定南齐王朝命运的重要文件。

文件的内容不详，但归结到底只有四个字：鸩杀萧懿。

萧懿，兰陵萧氏二十五世孙，汉代名臣萧何之后，南齐皇族，官至南齐尚书令、都督征讨水陆诸军事，朝廷重臣中的首脑人物，曾任益州刺史、豫州刺史，曾率兵力敌北魏入侵，并为平定崔慧景叛乱的第一功臣。可以说，萧懿是南齐群臣、士族心目中的精神领袖，南齐朝廷的中流砥柱，维系南齐正常政治秩序的重要标杆。

并且最为重要的是，萧懿有个非常厉害的弟弟——雍州刺史萧衍。

关于萧衍的事迹留到下一篇专门叙述。总之大家知道一点，萧衍是个很牛逼的军阀就行了。

但萧宝卷不知哪根筋在玩啄木幢技时弄坏了，他听信谗言，下定决心，打算干掉这个内得民心、外结强援的萧懿。

事实证明，萧宝卷干掉的不只是萧懿一个人，他干掉的是整个南齐王朝的政治秩序。

再也没有任何人会继续信任萧宝卷了——除了他的那帮脑残杂技粉丝之外。在群臣心目中，萧宝卷不再是一个不爱工作、贪玩好色、二逼无知但可以拯救的失足少年，而是一个背信弃义、心狠手辣、反复无常的政治敌人。废掉萧宝卷，成了内外众臣心照不宣的默契。

一场凶险的政治风波在看似波澜不惊的水面下激烈地涌动。所有人都知道萧宝卷必死无疑，除了他自己。这最后的一年之中，大伙在胡同口见面打招呼都不再问"吃了吗"，而是清一色地改问"萧宝卷完了吗"。

年轻的萧宝卷就在这样的问候声中，走向了属于自己的终点。

公元500年12月，萧懿被杀两个月之后，雍州刺史萧衍募甲士千人，战马千匹——人数略显寒碜了点——起义兵于襄阳。与此同时，荆州刺史、萧宝卷的弟弟萧宝融起兵于江陵。虽然兵力比前几次叛乱还少点，但二人遥相呼应，杀气腾腾，势如破竹——没法不势如破竹，大伙儿可都盼着这天呢。虽然萧宝融、萧衍的兵力都不多，但所到之处，俱无抵抗——连萧懿都死了，没谁会为萧宝卷这混球卖命。大家都是拿工资的，给谁打工不是打啊，做事何必一根筋呢？

不到一年时间，义军——也就是叛军，像打友谊赛一样，轻轻松松地打到了建康城下，顺便把建康城包了个围。但建康城里此时还有七万兵马，按说人数上怎么看也不会少于叛军，并且还存有一百天的战备物资，就算打不退叛军，固守待援也是绰绰有余。叛军最耗不起的就是时间，这已经出门一年多了，工资、奖金什么的都还是以白条形式发放，没打下建康城，拿什么来兑现这一大笔财政赤字？这样看来，萧宝卷的形势也没那么糟糕。也许，就像前几次叛乱一样，就这样大事化小、小事化了。

萧宝卷的心情如往常一样轻松。他始终是个单纯的人。

然而，他也有不单纯的时候。

例如，面对花钱这件事儿的时候。

众所周知，打仗是件费钱的事。这三年来，南齐官兵之所以还能忍受萧宝卷，完全是看在这份稳定的收入分上。以前不管萧宝卷怎么折腾，在花钱上还从没含糊过——毕竟南齐管着长三角沿海发达地区呢，经济向来宽裕。但经过这三年来在基础设施建设、内部维稳工作以及"三公"开支方面的巨额超支，萧宝卷的钱袋日渐捉襟见肘。对于将领们发来的关于追加军费开支的请示，萧宝卷采取了不支持、不反对、不理睬的"三不"态度。

萧宝卷有他自己的理由，他说："贼来又不是光要我一个人的命，你们这伙腐败分子都有份，干吗只找我一个人要钱？"

听完这话，大伙目瞪口呆，除了心里不知问候了多少次萧宝卷的母系亲属之外，只能怨自己遇人不淑。萧宝卷的寝宫后堂放着数百张大木片，将士们想拿去加固城防，萧宝卷却舍不得，想留着做宫殿的大门，两个字——不给。正经事上舍不得花钱，摆花架子萧宝卷倒仍保持了一贯的热情。他催促御府赶制三百人精仗，准备在萧衍退兵后给庆功的仪仗队用，又拿出大量的金银宝物装饰仪仗铠甲。

南齐气数已尽，任谁也无力回天。

公元501年12月，萧宝卷再次听信谗言，打算来个"做事不可在人后"，干掉貌似有二心的守城将领——新一任雍州刺史王珍国。但内廷早已有人将这一消息告知了王珍国——只怪萧宝卷已败光了所有人品，连身边的亲信、太监们都已信不过这哥们儿了。王珍国决定，不能坐以待毙，自己也该学萧宝卷的样，来一次"做事不可在人后"。

王珍国外通萧衍，内联侍中张稷，丙寅日之夜，率兵发动了南齐王朝最后一次宫变。

要说萧宝卷的个人身手真不是盖的，他一听到叛军杀入宫中，还没来得及换掉睡衣，一溜烟就从寝宫飞奔至后宫宫门。可一看，宫门还关着呢，总不能临时去喊守门的老王来开门吧。萧宝卷一咬牙，多年来的杂技功底终于派上了用场，只见他一个筋斗高高跃起，仿佛武当派失传多年的梯云纵再现人世！

接着，重重地摔在了城墙脚下。

一群獐头鼠目、相貌猥琐的叛军，在宦官黄泰平的带领下，淫笑着围了上来。

萧宝卷向北整了整衣冠，他毕竟还是个体面人。

三天之后，萧宝卷的头颅以一种极不体面的方式，出现在萧衍的办公桌上。

中国的帝王史没记住这一天。

中国的杂技史却永远不能忘记这一天。

但萧宝卷的故事却还没结束。

公元502年3月，萧衍迎接被萧鸾废去的宣德太后进宫，让她临朝摄政，行使皇帝的权力。宣德太后上台干的第一件事儿，就是：鞭尸。

她下旨废去萧宝卷的皇帝称号，并赐给他一个好听的头衔——东昏侯。

萧宝卷的爱妃潘玉儿不肯"下匹非类"，自缢殉情。

五百年之后，北宋大家苏东坡为萧宝卷和潘玉儿赋诗云：

月地云阶漫一樽，玉奴终不负东昏。
临春结绮荒荆棘，谁信幽香是返魂。

叁

梁武帝萧衍：对师太不感兴趣的老衲

如是我闻。公元527年，阳春三月，草长莺飞。建康城外的同泰寺，正如往日一样烟云缭绕，佛光普照，气象森严。南梁王朝的众生在西方诸佛的默默祝福下，生、老、病、死，于无尽的轮回中历经苦难。只有肃穆的同泰寺中，一个满脸写满沧桑的老人，正慢慢地脱去身上那件已不甚合身的金色龙衮，换上一件普通僧侣穿着的粗棉袈裟。

他六十三岁了。一个六十三岁的男人，理应有权利选择自己该走的路。听着耳边轻声吟诵的梵音，看着天边随风飘浮的流云，此时他的内心充满了一生从不曾拥有过的平静。那些已渐渐逝去的往事，开始一幕一幕地浮现在他的脑海里。

时光的画面拉回到四十年前。也是这样一个明媚的春天，二十三岁的萧衍正英姿勃勃，意气风发，才华横溢，浑身充满了改变这个世界的理想和热情。他与同样年轻的沈约、谢朓、王融、萧琛、范云、任昉、陆倕等文士一起，聚集在比他们大不了几岁的竟陵王萧子良门下，史称"竟陵八友"。请记住这些年轻的名字，他们都将用各自的方式，在这个时代留下属于自己的烙印。多年以后，当萧衍居皇座之上面南听治天下时，他依然会非常感激这一段难忘的时光。在那个昏暗的年代，南朝的高层忙于钩心斗角、争权夺势，士族子弟则忙于吃喝嫖赌、猥亵妇女，却仍有这样一些有房、有车、有道德、有理想的"四有"新人，在这样美好的青春年华，遇到了一位称职的精神导师——萧子良，结识了一群志同道合的朋友。他们志存高远、性灵风雅、人格独立，像八朵盛开的白莲花一样出淤泥而不染，濯清涟而不妖。他们，是南齐王朝的未来和希望所在。

"竟陵八友"搞起文学创作来绝非玩票，由他们所创的永明体诗，把声律和对偶方面的元素融入文中，作品平仄协调，音韵铿锵，词采华丽，对仗工整，体裁短小，为格律诗的产生奠定了基础，推进了古体诗向格律严谨的近体诗的过渡。其中萧衍所作的"三春已暮花从风，空留可怜与谁同"，"新波拂旧石，残花落故枝"，"兰华时未晏，举袂徒离忧"，着实功力不凡，要搁在当代怎么说也是个每月稿费超过四位数的地下诗人。同时，萧衍还热衷于棋艺、琴技、书法、绘画，据说围棋水平不下于本因坊九段水准，被誉为当世国手；会作词作曲，是个周杰伦式的创作型歌手；工于行草，独崇羲之，尤善点评古今书法大家，其所著《古今书人优劣评》之大气磅礴、挥洒自如堪比后世金圣叹评《水浒传》。同时，萧衍还长于绘画花鸟和走兽——除了画人不像之外画什么像什么，堪为"竟陵八友"这个知名团队的领军人物。

当然，"竟陵八友"最擅长的并不完全是琴棋书画这种普通技艺，他们的看家本领只有一样——吹牛皮，又称唠嗑、侃大山、摆龙门阵、瞎扯淡。南北朝时期，士族清谈——也就是吹牛皮成风，几个小伙子坐一块儿泡杯工夫茶能吹上整整三天三夜。吹牛的话题也没什么限制，天文地理、时事政治、玄学命理、佛法儒道、红酒雪茄，什么都可以吹，而且谁越能吹就越出名。"竟陵八友"就是其中的杰出代表，据说八个人要凑到一块儿，那简直就是吹牛界的盛举，后世的什么大专辩论会在他们面前简直就是冷笑话。

竟陵王萧子良将这样一批优秀的士族子弟网罗门下，目的并不单纯，众所周知，身为齐武帝次子的他，并不满足于竟陵王这个"经适男"的身份，而一直都向往那个香喷热辣的皇位。广结门士，其目的不外乎效仿孟尝、信陵，为发起向最高统帅位子的冲击打下坚实的人才基础。当然，不管其目的如何，"竟陵八友"的聚集是一个对未来影响深远的历史事件，萧子良最终没能改变自己的命运，却成功地改变了历史，因为他用自己的方式，改变了一个年轻人的"三观"。

没错，这个年轻人就是萧衍。改变他的东西，叫作佛法。

原来，南北朝到了这个年份，佛法在北朝、南朝的贵族当中都非常盛行，你如果随口背不出几本般若波罗蜜多心经、金刚经、妙法莲华经什么的，出门都得戴块头巾遮着脸。谈佛论经到了这个份上，已经不仅是一项简单的个人信仰，而成为统治集团内部一种特殊的政治现象。作为士族阶级的优秀代表，萧子良就笃信佛法，他组织"竟陵八友"抄写《五经》和百家著述，并在西邸集名僧讲佛论法，集朝臣僧徒办佛事，还亲自进出为佛事打杂。同时，萧子良本人奉戒极严，素来不食荤腥，为政体恤百姓疾苦，遇有灾荒，则上奏朝廷宽减役税、开仓赈济，深受百姓拥护。年轻的萧衍长居萧子良左右，一方面跟随他研习佛法，另一方面耳濡目染他的为人处世之道，时间一长，他将佛家的因果轮回、般若涅槃、玄学义理与幼年所研习的儒家、道家之学融会贯通，嘿，见证奇迹的时刻到了！萧衍成为了人类有史以来第一个打通任督二脉，能听见身体里的水声，兼具儒、释、道三门绝学的现象级奇人！

当然，萧衍不是史上唯一达到如此境界的高人，七百多年之后，我国又光荣地出现了这样一位不世出的人物，他的名字叫作张三丰。

就这样，优秀的小正太萧衍在大哥哥萧子良的关心关爱下，健康地成长，总有一天，他会接过父辈的官印，成为一个擅长琴棋书画、诗词歌赋，每天按时刷牙洗脸，从不随地大小便和吐痰，关心粮食、热爱妇女、广泛联系宗教界友人的优秀公仆，年终考核回回都拿优秀，提拔重用次次都少不了。退休之后，与名寺高僧谈佛论经、品茗修性，过上幸福快乐的晚年生活。百年之时，再被组织授予个荣誉称号如什么什么公之类的，老婆封诰命夫人，儿孙荫袭官爵，老萧家世世代代绵延流长。

这是盛世贤臣的最好归宿。这是萧衍的人生理想。

但南北朝，是个不折不扣的乱世。

乱世当中，所有的事儿都不能以常理预测。尽管萧衍在研习佛法之后，对预测人生这门学科很有研究，他在一系列关键时刻成功地预测了别人的命运，但他唯一无法准确预测的人生，便是自己的。

画面又拉回到四十年后的同泰寺中。萧衍看着镜子中身着袈裟的自己。袈裟并不十分合身，这怪不得寺中的小沙弥，因为自己出家为僧这件事，事先没有任何人知道，同泰寺方面也毫无准备，仓促之间，难免会出纰漏。萧衍不想让这个国家提前陷入动荡，他希望能平静地将皇位传递给昭明太子——萧统。萧统早已长大，他已经成熟到足以应对来自北方的威胁，来自朝中的暗涌和来自内心的不安。聪睿博学的萧统是多么像当年的自己，而现在，萧衍伸出那双满是皱纹的手，心想：我终究是会老去的，老去的不仅是身体，还有那些曾经不羁的岁月。

公元493年。滚滚乌云笼罩在南齐大地。齐武帝病重，琅琊王氏子弟、"竟陵八友"之一的王融密谋拥立萧子良为大BOSS——这也可以理解，萧子良当上了国家领导人，那么"竟陵八友"就不必整天吹牛皮了，只要他们愿意，他们可以把所有吹过的牛皮全部变成现实！不可否认"竟陵八友"在唠嗑、写诗以及勾引妇女方面颇具天赋，但搞政治跟搞女人不一样，光靠嘴皮子没用，得实打实地靠真本事。这时，主人公政治正确的理论派上用场了——理性的萧衍没有被感情蒙蔽自己的内心，他第一时间判断出王融的决策不靠谱，虽然萧子良是自己的老领导，又是自己的精神偶像，但他心志不坚，绝非当皇帝的那块料，在这个世道真正能成大事的，必定是一个集果敢狠勇、阴险狡猾、无耻下流于一身的奇葩人物。虽然萧衍感觉自己也是这样一个人，但毕竟他年龄也太轻了点儿，三十都没到，毛都没长齐。当前放眼整个南齐士族阶层，符合这一严格条件的有且只有一人，那就是二逼青年萧宝卷的爸爸——萧鸾。

还说什么呢？萧鸾，你就是我的干爹。

萧鸾成功地化解了萧子良和王融策划的宫廷政变，拥立昏庸无能的皇太孙萧昭业即位为帝，同时搞定那个不识时务的王融。按武帝遗诏，萧子良本应和萧鸾一块儿辅佐朝政，但萧鸾并不理会老掉牙的这一套，表面上以萧昭业的名义把萧子良提拔至太傅、尚书令，实际上却派他督南徐州，远离权力核心区域。萧子良一气之下，文艺范儿上身，没过多久就郁郁而终。他这一死不打紧，可把萧昭业、萧鸾这对搭档给乐坏了，从此高枕无忧，再也不怕有政敌惦记这个皇位。萧衍关键时刻站队正确，也赢得了萧鸾的高度信任，成为萧鸾麾下的智囊团中不可或缺的一名重要成员。

但这并不是萧衍理想中的生活。他从来都不想做一个从血液里都流淌着污秽的阴谋家和政客，他只想在佛法的普照下，与一群志向高洁的伙伴一起，追寻人生的终极意义。但是，他再也回不去了。命运的旋涡将不由自主的他推向了另一个未知的彼岸，他不得不与自己的理想背道而驰。

因此，这不是一个有志青年励志的奋斗史。这是一个让人听上去就想哭的悲催故事。

更为悲催的是，相对于研习佛法、诵经论道，萧衍在阴谋家这个岗位上，似乎有着更为闪光的表现。

公元494年，也就是二十一岁的萧昭业同学刚当上皇帝还不足一年的时间，萧鸾就开始密谋废帝。萧衍再次在关键时刻做出正确判断，建议萧鸾先从外围着手，把可能带来威胁的荆州随王等诸多安全隐患先行排除。在萧衍的帮助下，萧鸾成功地废杀萧昭业，拥立萧昭文。三个月后，又马不停蹄地废掉过渡傀儡皇帝萧昭文，自立为帝。萧衍因拥立之功，被破格提拔为中书侍郎，进入中书省核心决策层；后来又提拔至黄门侍郎，供职于门下省，直接由一把手萧鸾指挥调度，成为朝中最炙手可热的人物。

此时的萧衍，才刚刚三十岁。成名要趁早，萧衍以实际行动践行了这一正确的科学理论。

萧衍在历史舞台上光芒四射的演出还远没有结束。因为，这几乎是为他量身定制的年代。"竟陵八友"时代埋头抄写佛经的萧衍永远也不会想到，他竟然在政治家这个陌生的领域，能走到日后那么遥远。

萧鸾上位刚两年，北边的朋友们瞧着南边你废我、我弄你的，大家都忙着争皇位，没谁有心思搞生产，感觉解放全中国的机会唾手可得，年轻有为的魏孝文帝拓跋宏亲率三十万大军浩浩荡荡地杀了过来。当然，此次南征有着非常复杂的政治背景，拓跋宏动兵的真正意义其实是为了迁都洛阳，将北魏的经济文化中心移师中原，进而为日后的政治体制改革提前布局。但他麾下所拥的毕竟是三十万鲜卑精兵，不是三十万头猪，手里拿的家伙那可是真要人命的玩意儿。就算北魏方面是为了迁都而佯装南征，可一旦被拓跋宏占着了便宜，没准会弄假成真，就势直入，把一锅生米煮成熟饭，直接将南齐王朝打进历史课本。

南齐朝廷积弱多年，闻讯北魏来伐，以大老板萧鸾为首，有一个算一个，都吓得双脚发软。可不管怎么样，总不能任人宰割吧，就算做个样子也得抵抗一下。萧鸾派出左卫将军崔慧景、宁朔将军裴叔业领兵赴钟离迎战。随后，又听到北魏军队分兵攻打义阳，萧鸾又派遣萧衍和平北将军王广之领兵救援。

这是脑门铮亮的萧鸾此时能做出的唯一正确决策。

萧衍的Showtime到了！

佛学专家、诗人、书法家、本因坊九段高手、花鸟画家、业余作曲家、清谈家萧衍，在义阳战场人品大爆发，不仅解救了被困城中的齐军，还一举击溃了传说中不可战胜的北军，为南方的爷们儿挽回了丢失已久的颜面。

谁也没想到，看上去文文弱弱、明媚而忧伤的萧衍，竟然在战场上爆发出如此强大的正能量。萧衍自己也没想到。

但他更没想到的是，这个世界，居然有这么可怕的时刻。

所有人都不再像人，他们像野兽一样互相撕咬。那些被咬下的残肢血肉，在硝烟散去后，散发出令人毛骨悚然的腐臭味，成为野狗和秃鹫的食物。他们都是一群曾经年轻、漂亮、热血的小伙子啊！他们生前有着怎样的生活，有谁曾经爱过他们，他们又曾在深夜里挂念过谁，在这样一个如修罗场般的人间地狱中，所有的恩怨情仇，都被这片血腥冲得荡然无存。

他们为什么而战，为什么而流血，为什么而牺牲。那些身处庙堂之高的官员们，那些锦衣玉食、成天无所事事的士族子弟们，那些视万物为刍狗、视天下为棋局的决策者们，是否能亲眼看一看这片受诅咒的大地，聆听一下来自地狱深渊的哭泣声。在诸佛面前，人本应生而平等，共同经历生老病死、爱憎别离，但为什么有的人就要比别人承受更大的痛苦？

所有在书房中曾经抄写的佛经偈语，在萧衍的脑海中不停地轮回闪放。"一切众生中，若起于悲"；"宁当燃身破眼目，不忍行杀食众生"；"大悲感众生，悲惜化泪雨"……那些曾经无法理解的思想，在萧衍的心中慢慢萌芽。他仿佛看见已经离世而去的那位亦师亦兄的萧子良，在远方的佛光环绕中，在漫天的檀香梵音下，在九瓣莲花的簇拥里，轻声地告诉自己："永远不要让尘土蒙蔽你的内心，要学会聆听花开花败的声音，它会指引你寻求彼岸的方向……"

这就是公元494年，一个足以在南北朝的心灵史中留下深刻印记的一年。

这个史上最黑暗的时代因为这样一个不甚重要的年份，留下几分如磷火般闪烁的悲悯和希翼。

公元497年，义阳战役三年后，北魏再次伐齐，二十万魏军连下新野和南阳，前锋直逼雍州。萧鸾赶忙派萧衍、左军司马张稷、度支尚书崔慧景领兵增援雍州。齐军迎战魏军于邓城，萧衍这次没再继承三年前的好运气，被北魏打得面如土色，两万多兵马说没就没了。不过北魏也好不到哪儿去，虽然在邓城占了便宜，可在涡阳却吃了大亏，双方再次以各损失一批大好男儿的代价，结束了这次激烈的碰撞。

但这次战败对于萧衍来说，却并非坏事儿。因为萧鸾并没有责怪萧衍，而是让他主持雍州的防务，任雍州刺史。从此萧衍就有了一块固定的根据地，这为他日后的崛起奠定了坚实的基础，也成为他日后争夺那把椅子的资本。

没办法，文学家会武术，流氓也挡不住。萧衍正在属于他的时间段尽情地绽放光彩。

萧鸾在位只有五年，就因病去世，皇位传给了著名杂技演员萧宝卷。

众所周知，萧宝卷利用四年的时间攻克了啄木幢技这一杂技史上的世界性难题，可与此同时，萧衍这四年里也没闲着，他在雍州拉起了一支"甲士千人，马上千匹，战船三千艘"的队伍——人数并不重要，关键要看谁带队。作为一个二手的军事家，萧衍在没上过一天正规军事院校的情况下，完全靠天资和悟性，在实践中自学成才，具备了以一人之力统领战局的强悍实力。他联合南康王——萧宝卷的亲弟弟萧宝融，共同起兵造萧宝卷的反。事实证明，打萧宝卷可比打北魏容易多了，不一会儿工夫，萧宝卷的脑袋就被当成圣诞节礼物放在了反政府武装司令部的办公桌上。萧宝融当了皇帝，萧衍则升任大司马，掌管中外军国大事，还享有"剑履上殿，入朝不趋，赞拜不名"的殊荣，以至于每次上朝，范儿十足的萧衍看上去不像是皇帝的臣子，倒像是皇帝他爹。

作为权臣，萧衍的职业生涯达到了巅峰，他成功但不情愿地完成了从文艺青年到成功男士的身份转变。他很满足。

但命运永远不会停止她的脚步，萧衍的满足不代表所有人的满足。那些在这一系列政治动荡中未曾得到利益的人们，在黑暗中如同夜枭般窥视着萧衍的一举一动，如鬣狗般嗅闻着朝堂中泄露出的点滴气息。风雨飘摇的南齐政权，在诸多利益群体的觊觎中，慢慢奏响了安魂曲。

公元502年，由原"竟陵八友"成员沈约、范云牵头，豫章王元琳等819人，以及梁王府台侍中萧云等117人，共同上表劝萧衍接受天命。萧衍表示非常不好意思：近几年来，自己为了维护社会和谐稳定大局，干掉了当朝皇帝萧宝融的五个兄弟，几乎把干爹萧鸾一家给一锅端了；把萧宝卷的四个嫔妃收入帐中，也就是说，上了萧宝融的亲嫂子；朝政大事他一个人说一不二，根本没萧宝融什么事儿。萧衍占萧宝融的便宜也不算少了，就算自己的脸皮这几年来在政坛磨砺得比佛经还厚，总还是会觉得有点对不住萧宝融这倒霉哥们儿。

但历史拒绝"不好意思"这四个字。当天，太史令蒋道秀陈说天文符谶六十四条，事情都很明显，这位子你坐也得坐，不坐也得坐，老天都发话了，天意最大呀。这时萧衍没法再推辞了——他压根儿也没真打算推辞，毕竟当了这么多年的大臣，自己也想换个岗位体验一下人生，过上名正言顺的一夫多妻制生活。于是萧衍一拍大腿："你们这是陷我于不忠、不仁、不义，把我放在火堆上烤啊，这让我该如何是好……请问登基那天酒席在哪儿摆？"

蒋道秀说："我勒个去……"

公元502年4月。年仅三十八岁的萧衍顺苍天与万民之意，在建康南郊祭告天地和诸佛，登坛面南接受百官跪拜朝贺，改国号为梁。他亲手终结了南齐这个阴暗、畸形、滴着黑血的王朝，并且拉开了另一个时代的序幕。

萧衍终于来到了他应该来到的地方。他可以从容不迫地将自己的理想铭刻在时代的记忆中，心有菩提，立地成佛。

画面再次拉回到二十五年后的同泰寺。萧衍在袅袅檀烟中，任由住持方丈剃去了一头业已花白的长发。这个男人的头发一缕一缕地随风飘落满地，像暮春的柳絮，像初秋的落叶。万籁俱寂。这样的时刻不需要任何言语。萧衍在佛的面前，有生以来第一次安静地聆听花朵凋零的声音。他看着这个属于佛的国度，此时，南朝2846座寺院与我同在，82700名僧侣诵经祈福，所有的善意、所有的仁慈、所有的悲悯，都化作远方天空的那一朵无知无觉的祥云，佑护着这片苦难的大地。

这才是我和你，这才是同一个世界，同一个梦想。

公元502年。初登大宝的梁武帝萧衍开始着力收拾南齐留下的烂摊子。这个历经战火、杀戮、暴政的国家再也经不起各种无厘头的折腾。年轻的皇帝一改南齐诸帝潜心于钩心斗角、玩弄权术的作风，将主要工作重心放在经济建设之上，把"为人民服务"作为一切工作的出发点和落脚点，勤政廉政，坚持"五加二""白加黑"的作风，睡得比狗晚，醒得比鸡早，当年要评全国劳模的话他年年都得当选。同时，萧衍还从善如流，求贤若渴，专门在宫门前设立两个盒子，一个叫谤木函，一个叫肺石函，谁都可以向朝廷递交提案，谁也都可以向朝廷推荐人才。一时间，梁王朝展现出与南齐截然不同的新气象，广大人民群众创业致富的积极性被完全调动起来了，大家在以萧衍为核心的南梁朝廷的带领下，一个个干劲十足，共同走上了奔向小康的阳光大道。

经济搞上去了，文化教育也不能落伍。萧衍大张旗鼓地兴学，置五经博士各一人，广招生徒，又派博士祭酒巡州郡立学。在萧衍的倡导下，梁朝成为了南北朝时期文学创作最为巅峰的一个朝代。一时间文学大家辈出，传世佳作数不胜数，文坛繁荣的景象为其他朝代所不及。史载："自中原鼎沸，王马南渡，缀文之士，无乏于时，降及梁朝，其流弥盛。"

这时在北朝方面，公元505年，一直踌躇满志、好勇斗狠、隔三岔五就要组织一次季节性南侵狩猎活动的北魏宣武帝——元恪因病而终，太子元诩即位，年仅六岁，尚未断奶，平时只对娃哈哈、爽歪歪等少儿饮品感兴趣，对打打杀杀的爱好仅限于电视剧。加之北朝内部也非铁板一块，矛盾重重，杀机四伏，统治阶层无暇他顾，六镇之乱更是让北朝元气大伤。据不完全统计，自公元509年至525年，南梁和北朝近十六年间未发生大规模军事冲突，南北两朝迎来了史上罕见的长期和平！

上苍保佑吃饱了饭的人们。

无论从哪个角度看，萧衍目前在皇帝这个岗位上的表现，都是绝对称职的。但他始终在思考一个问题，一个终极意义的问题。

如何真正地结束这一切？

如何能带着人们走向一个没有苦难、没有杀伐、没有哭泣的新时代？

如何能从根上扭转多年以来武将叛国、军人执政、内部争权、庸君当道、异族侵蚀、百姓受苦的恶性循环？

如何能建立起一个让所有人都拥有心灵寄托，在这个虚空无边的星空下能找到属于自己的信仰的国家？

他怎么能做到这些呢？要知道，南北朝自刘宋夺位起，已经历经一百余年，其间杀戮频起如屠猎，政坛更迭如换衣，汉人几有灭族之险，所有人都已对未来失去了信心，无神无天，这是一个心灵信仰的绝对空白期。

那些曾经在黑夜中吱吱作响的念头，又一次涌上了萧衍的心头。萧衍心想：是时候了。

公元504年4月8日，萧衍下《舍事道法诏》，向天下臣民公开宣布，自己在菩萨面前发下大誓愿，从此"度群迷于欲海，引含识于涅槃"，弃迷知返，拜名僧宝志为入门之师，皈依佛门。诏书一下，举国轰动。嗅觉敏锐的上层人士立即感觉到，老板这次绝不是有钱人附庸风雅式的玩票，这可是玩真的啊！佛教从今天起，就是咱们的国教了！以往搞的什么经济改革、政治改革、文化改革，在这次事关意识形态和国体的宗教改革面前都弱爆了。这是对上层建筑整体意义上的重新构建！南梁王朝，从此就是一个以佛法为立国之本的和尚国了！全国的和尚都用清水煮豆腐代替蛋糕来庆祝这一历史性的时刻。

萧衍深信，佛法能洗涤人们的心灵，能消除累积的戾气，能让这个世界变得更美好。他的内心深处，始终住着那个在萧子良的书院里与朋友一起认真抄写佛经的纯真少年。

建康，这座已经沦落到礼崩乐坏边缘的城市，又开始燃烧新的力量。

萧衍几乎在以一己之力挽回这个悲戚的年代。

慈航普度，南朝迎来了可能是自元嘉之治以来最好的年份。百废俱兴，商贾重旺，最重要的是，人们的内心有了信仰。他们深信，万事万物终有轮回，在佛的庇佑下，苦难总会渐渐远离。

事情似乎正在朝着一个美好的方向发展。梁朝，也许会奇迹般地在这个乱世崛起，成为一个与汉唐媲美的伟大朝代。人们将以曾经生活在这个朝代为荣。

但正如笼罩天地的佛光中总会有几分难以看见的阴影，梁王朝的内部也存在一些细如微丝的隐患。当萧衍年富力强，对局面的掌控炉火纯青之时，这些隐患不过是盛世之下的几点杂音，几乎可以忽略不计。但萧衍总有一天会老去，他的工作精力将渐弱，判断力、决断力将大不如前，这些隐患便会像乌云般渐渐放大，大到足以影响王朝的安危。

佛家有个字专门形容这种情况，叫作"业"。

又云：出来混，有些东西总是要还的。

在建国之初，萧衍从战略大局出发，结合对南朝向来有权臣、武将叛国传统的考虑，用人标准以"重宗室，轻功臣"为指导原则。本来在所有功臣当中，应该是"竟陵八友"中的范云和沈约的功劳最大，谋划、辅佐他登上了皇帝宝座。但萧衍并没有重用他们，导致范云、沈约均郁郁而终，九泉之下亦不得瞑目。按说这是萧衍的不对，当年大家都一块儿抄过作业来着，现在说翻脸就翻脸，凉了哥儿们的心。但是对于宗室，萧衍则是另外一个态度，照顾得简直能用徇私护短来形容。除了昭明太子萧统那是不用说了，最典型的代表人物一个是六弟萧宏，一个是次子萧综。萧宏窝藏杀人凶手，萧衍也不加惩罚反而加封官职，妄加纵容。但萧宏绝不是个窝藏犯这么简单，他人生中干的最厉害的一件大事就是和自己的侄女，也就是萧衍的大女儿萧玉姚乱伦私通，关键是，两个人还谋划着要篡夺萧衍的皇位！结果派人刺杀萧衍时，事情败露，刺客被抓，最后处死。萧衍的女儿知道自己罪孽深重，也没脸再见父亲，于是自尽。家门出了如此丑闻，萧衍竟然也没有怪罪萧宏。

萧综犯的事儿就更复杂了，他的母亲吴淑媛原来是东昏侯萧宝卷的妃子，当年被萧衍收入帐下后，仅七个月就生下了萧综。这事儿就复杂了，古代也没什么DNA之类，说萧综是谁的儿子完全凭借萧衍的心情，但萧综打小也没有受歧视，萧衍照样封他为王。但萧综总觉得自己的爸爸是萧宝卷，萧衍是他的杀父仇人，越想越不乐意，一气之下就投奔了北魏，并改名为萧缵，并表示为萧宝卷服丧三年。萧衍当时非常生气，不但撤销了给萧综的封号，还把他母亲废成庶人。可随后，萧衍又听说萧综在北魏混不开，有回来的意思，又让吴淑媛给他送去小时候的衣服。但萧综却不愿意回来。不久，吴淑媛病逝，萧衍又起了恻隐之心，又下诏恢复萧综的封号，还给吴淑媛加了谥号为"敬"。

萧衍已经不是那个在战场上杀伐决断的萧衍。随着年龄的增长，加之对佛法的虔诚，他的内心开始变得有些软弱、有些优柔寡断以及一些不合时宜的仁慈。他冷处理最好的朋友，结果身边再也没有信得过的伙伴；他纵容宗室，但导致的结果却是宗室也同样愈加对他不信任。这仍然是一个人心浮动的乱世，佛法普度众生，但需要一点时间。

萧衍却渐渐感觉自己的时间不多了。

毕竟他不是个铁打的人。虽然早年曾练过武术，但由于近年来长期加班加点地坐办公室处理公务，直接导致"三高"、腰椎间盘突出、前列腺肥大等机关工作人员常见症状，每天上个三楼中途都得歇上二十来回。尤其是肾功能，由于疲于应付当年从萧宝卷帐中抢来的诸多嫔妃，几乎已经到了不得不服用六味地黄丸的程度。

毕竟皇帝也是人啊，不是充气娃娃，更不是电动震荡器。

为了保证自己能够为这场伟大的宗教改革多争取一些时间和支持，萧衍做出了一个重要决定。

公元513年起，萧衍开始不与女人同屋。至此直到他去世，萧衍将近四十年没有碰过一次女人。当然，也没碰过男人。

不管是从信仰出发，还是从身体考虑，总而言之，萧衍做到了。很难，连正宗的和尚估计都未必能做到，但他还是做到了。

萧衍的禁欲让南梁的佛教传播再次掀起了一波热潮。在萧衍的带领下，许多百姓自愿出家为僧为尼，放弃安逸的生活，选择为传播佛法奉献自己的一生。

南朝四百八十寺，多少楼台烟雨中。纵然生活中没有性，一切依然是美丽的。

与此同时，萧衍钦定的继承人——年轻的昭明太子萧统也日益显现出他横溢的才华和成熟的政务能力，在舆论界素有贤名，口碑甚佳，无论从哪个角度来看，南梁都正朝着一个伟大朝代的方向坚定地前行。

萧衍的理想正在佛光普照的天空中飘扬。

时间轴终于重合在公元527年3月。六十三岁的萧衍舍身同泰寺，剃度为僧。

萧衍相信，他的历史使命已经结束了。接下来，就让萧统继续自己未竟的事业吧，我只想实现自己儿时的梦想，余生与青灯古佛为伴，为当年夺权路上那些不得已的杀戮而诚心忏悔，并参透那些在心中困扰了数十年的难题。

如果萧衍就这样成功地当上了和尚，如果昭明太子萧统就这样理所应当地即位，如果南梁王朝就这样顺利地交接，和尚与皇帝从此过上了幸福的生活……对不起，这不是一篇格林童话，而是一部金庸的小说。

　　可悲的是，金庸在这个年代并不吃香。

　　因为既得利益者最厌恶的一件事，就是变革。

　　宗室、士族、权臣都震惊了！萧衍坐庄的这些年，大伙的荷包一天天地鼓了起来，生活质量明显改善，性伴侣数量日益增加，眼看萧衍禁欲后身体倍儿棒，吃吗吗香，少说还能再活上好几十年，大家伙还想充分利用这段时间的好政策，在个人收入方面再上一个新台阶。怎么突然一下放着好日子不过，去庙里啃青菜萝卜了？换了萧统当皇帝，这个书生怎么能应付得了来自北方蛮荒之地的巨大威胁？

　　很显然，萧衍一下课，北方一定会有所动作，从未经历过战争的萧统届时表现如何，大伙儿谁心里都没底。萧衍年纪虽然大点儿，好歹跟北魏历届领导班子一起斗争了这么多年，一直未落下风，偶尔还能趁别人奔丧、换届、交接之际捞点便宜，换成萧统上位，没准北朝就得来捞便宜了。咱们的经济条件也不宽裕，经不起北朝的同仁来捞上几次啊。

　　所有的既得利益群体在此时此刻达成了思想上的高度一致——你要当和尚，我们偏不让你当。萧衍不干了：我一个六十三岁的小老头，就算搁机关里面也到了正常退休年龄，我一不打麻将，二不钓鱼，三不玩高尔夫，当个和尚念念经又不占用公共资源，难道这也不行？

　　但毕竟萧衍不能就这样撂挑子，不管谁当皇帝，还得靠这帮人干活呢，总得照顾一下大家的感受。萧衍在同泰寺只待了三日，就返回了工作岗位——只能当休了回年假了。随后大赦天下，改年号大通，继续在做好本职工作的基础上大力推行佛法，同时做好对继承人萧统的培养工作。

这三天，决定了南梁王朝的命运。

从此中国的历史课本上少了一位高僧，多了一位昏君。

未完成凤愿的萧衍此后对佛法的痴迷到了一种匪夷所思的程度，佛法已经不再是他的精神支柱，而成了一种精神鸦片。他开始不问朝政，一心研究佛教理论，重用奸臣，乱建佛寺，刚愎自用，不听劝谏，造成朝政昏暗不堪，人民群众幸福指数逐年下滑。一度看到了希冀之光的南梁人民，又陷入了盛极必衰的轮回。

公元529年9月，萧衍第二次至同泰寺舍身出家，亲自讲解《涅槃经》，群臣这回像上次一样，仍然不放他去，宁可捐钱一亿，向"三宝"祷告，请求赎回"皇帝菩萨"，为同泰寺募集了这样一笔巨资后，脸皮在南北朝时期的皇帝当中还算较薄的萧衍没办法，只得再度还俗。毕竟昭明太子还年轻，多历练几年也不为过。

但令所有人没想到的是，萧统继承了父亲几乎所有的优点，除了长寿之外。公元531年，年仅三十岁的萧统突然离世，打了南梁王朝一个措手不及。萧衍简直欲哭无泪：大老婆、小老婆、亲弟弟、大儿子、小儿子，一个个离自己而去，不是歌里总唱好人一生平安吗，怎么我每天戒荤吃素、不近女色、放生行善、一心向佛，还落得个这样的下场？

佛说：我也没辙。

六十七岁的萧衍在空荡荡的皇宫中，人生中第一次找不到自己的所在。漫长的生命对于他来说成为了一种折磨。所有爱过的、憎恨过的、擦肩而过的人们，在远方的世界里冷冷地看着这个白发苍苍的老男人。

人生中最残忍的一句话就是：生活还要继续。

不管经历了多少事情，人只要还在呼吸，就有无穷的责任需要承担，哪怕你已经是个风烛残年的老人。最心爱的儿子萧统的离世让萧衍简直失去了生活的勇气，但南梁王朝不能没有一个合格的皇储。饱经创伤的萧衍又开始培养下一个接班人——小儿子萧纲。以天资和悟性而论，萧纲比萧统可差远了，相当于霓虹灯到月亮的距离。可这事儿又不能搞海选投票，又不能公开招标，这会儿也只能这么着了。

公元546年4月，八十二岁高龄的萧衍第三次出家。要说萧衍还是保持了少年时期抄佛经的执着精神，眼看没几年好活了，死也要死在佛祖的怀中。这时萧纲已经年逾不惑，按理说也到了能让人省心的年纪。可萧衍手下这些孙子依然和十九年前一样，三个字——不答应，花了两亿钱将其赎回，萧衍再次出家未遂。

公元547年3月，萧衍一生中第四次出家，在同泰寺住了三十七天，打破了自己一辈子当和尚最长时间的纪录，朝廷出资一亿钱赎回——大伙儿都被折腾烦了，"老大出家"这件事儿在坊间已经不能算是个新闻，充其量只能算是个娱乐事件。赌博公司都开出了盘口，赌萧衍下次出家的时间和朝廷的出钱数量。

没有下次了。

此时距离萧衍离开人世，还有两年时光。

这两年里，一个黑暗的身影，正在血污色的背景中缓缓崛起。据说，他是萧衍前世的宿仇，今世，来了结这段业报。

定业不可转。

这是一个不信天、不信佛、不信因果、不信轮回、不信一切天理法则的人，这是一个近六十年来天下间最可怕的人。

他的名字叫作侯景。

羯族人侯景，全身上下最著名的特长就是不讲义气。从公元527年开始，他先投高欢，再归西魏，后投南梁，随即叛国，几乎每年都没有消停的时间。公元549年，侯景率重兵围攻建康，古都被困一百三十余天，粮食断绝，横尸满路。八十六岁的萧衍再也无力带领养尊处优的江东儿郎们打赢这场战争。此时，那些每次都花钱把萧衍从庙里赎回来的南梁宗室诸王皆手握重兵，却彼此猜忌，出于各自的目的按兵不动。

终于，侯景攻入了建康。

古城遭受到了有史以来最骇人听闻的劫难。侯景的魔鬼部队有组织、有纪律地开展了对士族和平民的屠杀。江南的士族，尤其是王、谢、桓、庾、顾、陆、朱、张等士族家庭的男人一律被杀光，他们的妻女全部被押到军营听候处理。被杀的士族成员不可计数，几乎死亡殆尽，一个阶层就此消亡，横亘六朝的士族制度全线崩溃。这些贵族的女眷有数万人之多，侯景挑出最漂亮的几十个留下，其余都分给士兵。士兵们兽性大发，不论老幼美丑，每个女人都平均遭到了十个以上男人的蹂躏。很多女人咬舌自尽，还有的被折磨致死，整个军营变成了男人发泄兽欲的乐园，淫叫声和惨叫声不绝于耳，撕心裂肺般响彻天际。侯景还在石头城外设立了一座大碓，凡兵民犯法，不问轻重，一律推入其中捣死。其杀人如草芥，每天吃饭之前要杀，吃完了还要杀，平均一天手刃十余人。侯景杀了人，挑其稚嫩的尤其是少女尸体，常令人或炸或煮，或煎或炒送来品尝。要是他觉得这人肉咸了、臭了，就下令把烹调的厨子斩首；要是好吃，就立马封赏厨师。

整个建康城哀号冲天，血流成河，六朝古都建康"千里烟绝，人迹罕见，白骨成聚，如丘陇焉"。侯景之乱，江南的百姓被屠杀了十之五六。南朝最富庶的三吴地区，变成了"千里烟绝，人迹罕见，白骨累累"的荒凉之地。

建康，成为了不折不扣的阿鼻地狱。寺庙在燃烧，菩提在流泪。

但萧衍已无力哭泣。他只恨自己为什么还苟活在这个世界上。

所有他亲手建立起来的，都在眼前被一一摧毁。

这个世界永远都是从前那个黑色的世界。永远都是。

公元549年5月，梁武帝萧衍被活活饿死在台城，享年八十六岁。有人说，是侯景没有提供足够的食物，导致萧衍饿死；也有人说，是萧衍自己绝食，追随亲人而去。

画面再次拉回到公元527年的同泰寺中。身着袈裟的萧衍极目远眺，他总想看得更远、更远，但远方只有一片无边无际的大地……

肆

北齐后主高纬：音乐是一种生活态度

再让我们把目光投向遥远的北方。没有任何语言能描述这片苍茫的北方大地。与南朝一样，两百年来的暴政、杀戮、凌虐、阴谋、谎言，让她的身体里流淌着卑污的血液。公元524年，沃野、怀朔、武川、抚冥、柔玄、怀荒六镇将卒起事反魏，经过十年的战乱，曾经一统北方天下的北魏政权在战火中分崩离析。随之而来的，是另一个家族的悄然崛起，这个家族被人们称作渤海高氏，他们建立了一个维系了二十八年的王朝，史称北齐。

这个王朝也被公认为史上最为暴虐、黑暗、变态的朝代，素有禽兽王朝之称。直至今天，关于高氏一族是否有遗传性精神病的质疑仍时被提起。因为从北齐神武皇帝高欢起，高家子弟有一个算一个，全都是死心眼，残杀、强奸、乱伦，不仅把凡是咱们能想到的坏事儿几乎干了个遍，而且干出了很多超出人类想象力范畴的壮举。

但坏并不是高家人的全部特征，他们的共同特点至少还有两个。

一个是英俊。高家子弟普遍长得倍儿精神，以高欢为例，史云："目有精光，长头高颧，齿白如玉，少有人杰表。"稍微捯饬捯饬就能去演

《暮光之城》的男主角了。在这样一个特殊的年代，长相这玩意儿实在太过于重要了，比素养、才学、节操什么的都更重要，即便心灵再美，人长得丑也没用，靠脸蛋吃饭远比靠人品吃饭光荣得多。高欢之所以能迅速发迹，就是因为相貌出众，被赠司徒内干之女、太原王娄昭之姐、鲜卑豪放女娄昭君看中，举全家之力倾情相助，使高欢完成了从屌丝到东魏丞相的逆袭。当然，高欢还算不上高氏子弟中最帅的一个，他的孙子兰陵王高长恭以倾国之貌和绝世武艺，荣登"中国好男儿"之冠。高长恭的相貌已经不能简单地用英俊、帅气等媚俗的字眼来形容了，只有江水畔的芷兰、高山上的郁金香和悬崖边的彼岸花才能媲美。因为长相过于出众，高长恭每次上战场都不得不戴上特制的面具，否则还没等自己亮出兵刃，妒火中烧的双方官兵就得一起往他脸上泼硫酸。人们甚至把他在战场上的英姿编成了一段流传千古的著名舞蹈——《兰陵王入阵曲》，这段舞蹈在日本尤为流行，直到现在日本奈良元月十五日"春日大社"举行一年一度的日本古典乐舞表演时，《兰陵王入阵曲》仍必须作为第一个节目，以至日本天皇即位，都得跳上这么一出。

光英俊还不够，老高家人还有一个共同特点，那就是聪明。男人坏且英俊已足以让人妒忌不已，更何况每个都还拥有比猴都精的头脑，请问这是在写都市言情小说吗？白手起家的高欢自然不用说了，高澄、高洋、高演、高湛，个个都不是省油的灯，城府深邃、阴险狠辣、工于权谋，均属于那种不动声色就能把人卖掉还得帮他数钱的主。美貌与智慧并重，是对老高家人最公平、公正的评价。

在这帮高家小子的共同努力下，北齐被缔造成为了人类史上最阴暗的一个王朝，各种骨肉相残，各种荒淫无度，各种残忍嗜杀，就算是西方那些著名的暴君如罗马尼禄、查理一世、伊凡雷帝加一块儿，一辈子干过的坏事儿都不如老高家人一天的日常工作。

就这样，北齐在高氏子弟倒行逆施的统治下，在西魏、南陈及北方诸夷的夹缝中，艰难地生存着。按说北齐的百姓应该生活在水深火热之中，无不翘首企盼有义师伐无道，把高家这帮孙子全给砍了。但让人跌破眼镜的是，自高洋建国以来，北齐人民的日子似乎越过越滋润，在军事上，北击库莫奚、东北逐契丹、西北破柔然、西平山胡、南取淮南，势力一直延伸到长江边；在经济上，农业、盐业、冶铁业、瓷器制造业都相当发达，仅沧州一地，就有煮盐地一千四百八十四处，是同陈、北周鼎立的三个国家中最富庶的，所拥有人口也是最多的；在制度上，坚持推行北魏的均田制，肯定了土地的所有权和占有权，减少了田产纠纷，充分调动起农民的种粮积极性，保证了赋役来源，拉近了贫富差距，做强了中产阶级，维护了社会的和谐稳定大局，有钱穆的《国史大纲》为证："此田制用意并不在求田亩之绝对均给，只求富者稍有一限度，贫者亦有一最低之水平。"

如果就这样下去，暴君与人民携手共进，你干你的坏事儿，我过我的日子，大路朝天，各走一边，似乎也未尝不可。毕竟换个姓氏来当皇帝，也未必就能比老高家好到哪去。这年头当皇帝的，基本上都是过把瘾就死的主，老高家人坏是坏，毕竟他们也有一个优点——都活不长。从高洋开始，没一个活过三十五岁的，平均每位皇帝的执政时间也只有四年多。大伙儿普遍觉得，只要高家人能保持这个优良传统，四五年的折腾还是能忍受的。

北齐这朵人类史上的奇葩，就这样在全国人民的忍受中，延续了下来。

直到高氏第三代的杰出代表——高纬坐上了父辈们传下的这把椅子，一切改变了。

高纬是武成帝高湛的长子，他继承了老高家的优良传统——相貌英俊，史载："少美容仪。"在这一点上，高纬没丢爷爷高欢和老爸高湛的脸，至少在外貌上捍卫了老高家的尊严。但他有个致命的缺陷：和当年南齐的萧宝卷一样，高纬也是个资深口吃，从一数到十要花上两个钟头，念一遍"吃葡萄不吐葡萄皮"简直就像要了他的亲命。因为口吃的缘故，幼时的高纬与他那些张扬跋扈的叔伯父辈们完全不一样，不爱说话，三棒子敲不出一个闷屁，看上去老实巴交，属于那种不点名的话连老师都不知道他来没来上课的普通孩子，在一帮兄弟里面除了年纪之外没有哪方面更为突出。老爸高湛就更喜欢与高纬同样英俊，但更加伶牙俐齿、更加机变百出、更加讨人喜欢的老二高俨。

还在当小学生的时候，高俨就常代替高湛本人在含光殿办公，老成大度的他驾驭起王公大臣来居然轻车熟路，像是从娘胎里带出来的本事。尽管高纬同学每天努力学习，但在光芒四射的高俨面前，他就像一只不起眼的玩具熊。当然，高纬也有他的优点。他的优点总的来说可以用四个字来形容：没有优点。没有优点，意味着没有特色，没有特色意味着不会引人注意，不会引人注意则意味着不会招惹麻烦。就这样，完全不起眼的高纬低调而内敛地小心生活在残暴父亲和优秀弟弟的夹缝中，不敢张扬，不敢表现，更不敢得罪人，因为指不定哪天高湛心血来潮，找个碴儿就能把他给废了，另立高俨为皇太子。而根据老高家的传统美德，在权力斗争中失败的那位前途通常都比较稳定——到阎王爷那儿去找一份工作。老高家的人砍起自己的兄弟子侄来可从没手软过，比砍杀父仇人还来劲。

所有的人都不看好高纬。就像当年没人看好过他的爷爷，北齐的开国皇帝高洋一样。

童年对于高纬来说，简直是一种残酷的折磨。每一个夜晚都仿佛一次牢狱之灾，在黑暗之中他永远找不到逃离此地的出口。他的心灵在无尽的压抑中，变得有些特别。

他时常会听见一些别人未曾听见的声音，那些声音总是在他的脑海里不停地回响。那是一种奇妙的旋律，它如同撕心裂肺般的呐喊，又仿佛呢喃般的倾诉。只有在这些声音的抚慰下，高纬才能平静自己的内心，鼓起勇气面对即将而来的下一分钟。

高纬决定去寻找这些声音，他要让所有和他一样生活在窒息和苦痛中的人们听到这些声音，为此他将不惜付出余生中的任何代价。如果自己还有余生的话。

正所谓"国家不幸诗家幸"，天下的乱世，往往是艺术的盛世。魏晋南北朝时期，文学、绘画、雕塑等各种形式的艺术创作无不达到了前所未有的高度，音乐也不例外。《广陵散》《梅花三弄》《胡笳十八拍》等流传千古的名曲均出自于这段时期。尤其是伴随着五胡乱华，龟兹、西凉等西域诸国音乐元素也随之进入了中原，传统的古乐受到强烈的冲击，管弦乐、交响乐、打击乐、爵士、蓝调、ROCK、雷鬼、农业重金属等多种音乐风格开始轮番盛行。北齐王朝对于音乐的爱好更是达到了一种变态的程度，光是分管音乐的部门就有以下这些：太常寺的太乐和古乐二署，外加协律郎监管律吕；尚书省五兵尚书之下的督兵掌军方的鼓吹、太乐等事；太府寺下属官左尚方管理乐器；太子官署典书坊掌管太子需要的音乐。换句话说，朝廷网罗了一大批吃财政饭的专业音乐人。当然，多头管理对于音乐的发展也未必是一件好事儿，地铁歌手的水平未必就在文工团歌手之下，以原创音乐的数量和质量而论，由民间音乐人为主体的南朝方面就颇有后来居上之势。

但北齐出现了高纬，这位百年罕遇的音乐天才。

音乐对于高纬来说，简直就是生命的二分之一，另外二分之一则是性生活。与许多音乐人一样，从幼年起，高纬就开始玩乐队，自己作词作曲，并身兼琵琶手和主唱，文身、留长发、嗑药什么的样样都来，英伦摇滚明星范儿十足。在音乐创作方面，高纬成功地将西域的龟兹乐与传统的古韶乐完美地融合为一体，走嬉皮风格的迷幻朋克路线，每次演出必砸琵琶，一年下来太子官署典书坊光买琵琶的钱就要占到"三公"开支的七成以上。

作为音乐人，高纬有着得天独厚的资源优势。搁在现在，音乐爱好者要想玩出点名堂来，要么参加电视选秀节目，一把鼻涕一把眼泪地倾诉自己多么多么爱好音乐，自己的家境又是多么多么困难，父亲病逝或者外婆病危，谁能比我惨，最后再说一句："我一定会坚持唱下去的！"要么就带上一把吉他去唱酒吧，或者穿上件撒了荧光粉的透视装去唱夜总会，再不济带个破碗去唱地下通道，饿了吃碗凉水泡面，冷了裹件塑料的皮大衣，困了就回城中村的出租屋眯一晚。总之玩音乐比玩感情更伤身体，比白毛女更杨白劳。但高纬不同，他根本不必为出位担忧，也不用为唱片发行着急，别的音乐人有的烦恼他几乎一样也没有，因为他拥有太子官署典书坊，这个部门能帮他搞定从舞美到音响，从服装到发型，从乐队到观众等等任何事情。这个神奇的部门每年最头疼的问题就在于这么多工作经费该怎么花才能花得完。为了解决这个难题，他们为高纬专门准备了一支比较简朴的乐队，成员均为爱好音乐、会唱《最炫民族风》和《爱情买卖》、能从一数到七的太监与宫女，乐队的人数也不多，才一千多人，勉强能坐满北齐大礼堂。高纬不必参加选秀，也不必北漂，更不必走苦情路线博人同情，轻而易举地就能把音乐梦想给实现了。当皇太子的这些年，高纬每天带着这一千多号人在皇宫里演奏鲜卑摇滚、龟兹蓝调和西凉爵士，不知情的外国游客还以为哪儿在搞装修。国家大事什么的就留给老爸和弟弟去操心吧，自己只求能平平安安地玩音乐就行。

但有一天，一个人走到高纬面前，告诉他："太子，你不能再这样玩了，这支一千多人的乐队已经不能匹配你现在的身份，从今天起，乐队人数增加到两千人。因为你已经是我们大齐王朝的皇帝了！"

高纬一头雾水："可老爸还没死呢！"

那人微笑着说："没事儿，你就当他已经死了。"

这个人名叫和士开，时任尚书左仆射、宰相。高湛最宠幸的大臣，没有之一。

这事儿发生在公元565年，高纬九岁。事情来得比较突然，也难怪他一下子没法接受。事情是这样子的：二十七岁高龄的高湛听信和士开的谗言，为了过上更加幸福快乐、无忧无虑的晚年生活，主动放弃皇帝这个工作岗位，提前退居二线，把皇位让给皇太子高纬。

不管你们接不接受，事情已经发生了。最高兴的当然是和士开，高湛一退，高纬还小，朝中诸臣以他为首，北齐大权在握，接下来要做的只要可着劲地捞钱就行；最痛苦的则是高俨，白白帮老爸打了几年工，结果老爸人都还没死，皇位就已经给结巴哥哥了，这就像大家坐一块儿打麻将，牌局还未结束，自己的筹码已经全部输光了一样。

当事人高纬呢？他表示基本无感，虽然工作岗位调整了，但基本上自己的工作性质还没变，依然是个音乐人，除了他的经纪人由太子官署典书坊换成了太常寺的太乐之外，其他一切照旧。谁也不相信一个乳臭未干的孩子能带领北齐在这样一个乱世保持前进的脚步，他自己也不信。

但有一个人相信自己能做到。他就是高俨。他从来不能接受沉默寡言的结巴哥哥凌驾于自己之上，他从来不觉得事情就以这样的方式结束，他还要翻盘，像北朝的那些先辈们一样，用父兄的血染红自己的王座。

众所周知，高俨深得高湛宠爱。但在高俨与和士开之间，高湛却更宠爱后者，有诗为证：好基友，一辈子。诸多迹象表明，高湛与和士开之间有着超乎君臣关系的暧昧，高湛不仅爱和士开胜过所有的嫔妃，甚至能与和士开共享自己的妻子胡皇后。这会儿高湛听信和士开的话禅让了皇位，在北齐朝廷里他现在说了不算，掌权的是和士开。和士开生平坏事儿干绝，天不怕地不怕，可就怕一个人——高俨。这有点匪夷所思，历经四朝、年逾不惑、奸诈老辣的和士开居然怕了一个八岁的小屁孩。和士开每次见到八岁的高俨比见到亲爹还要怕——他怕高俨那双犀利的小眼睛，他怕高俨身上散发出的那股遮掩不住的杀气，他怕高俨那副少年老成的帝王范儿，他不想日后面对这样一个主子。

但对于高纬，和士开却颇有好感。首先高纬是个小结巴，空有一肚子智商，没法吐出来；其次两人有着相同的兴趣爱好——音乐，和士开与高纬一样，弹得一手好琵琶，曾经也是个文艺小青年。因此，和士开选择了高纬，历史选择了高纬。

高湛、高俨、高纬、和士开，四人之间的关系达到了一种比四角恋还要复杂的程度。用这样几句话能表述他们对皇位的态度和对彼此的态度：高湛不想当皇帝，高俨很想当皇帝，高纬无所谓谁当皇帝，和士开不想让高俨当皇帝；高湛爱和士开，和士开不爱高俨爱高纬，高俨恨以上这三个。

于是，一场轰轰烈烈的宫廷内斗即将拉开帷幕。这是发生在一个八岁孩子和九岁孩子之间的权力斗争。在别的孩子还在看喜羊羊大战灰太狼的年纪，他们却为权位和生存做着殊死的搏杀。

九岁的高纬当了皇帝，八岁的高俨也没闲着，初封东平王，后任开府、侍中、中书监、京畿大都督、领军大将军、领御史中丞，又迁任司徒、尚书令、大将军、录尚书事、大司马，北齐朝廷里像点样的职务基本上轮了个遍，在国务院、军委都担任了主要领导职务，与和士开的尚书左仆射不可同日而语。哥哥高纬虽然不待见弟弟，但也无法阻止他隔三岔五地变换岗位玩儿，毕竟高湛虽然已经二十七岁高龄了，但仍然还活着，他把皇位留给了高纬，总得把实权留点给高俨吧，都是亲生骨肉，要搞平衡不是。

但高俨认为这种平衡简直是种侮辱。他想要的不是平衡，而是失衡。

如他所愿，权力的天平在高湛禅让之后的第三年，终于失衡了。

公元568年，高湛因病不幸去世，享年三十二岁，谥号武成帝。高湛刷新了老高家自高洋以来的长寿纪录，用实际行动打破了高氏子弟活不过三十的定律。在这三十二年的光辉生涯里，他诛杀过功臣，逼奸过皇嫂，砍死过兄弟子侄，在干好倒行逆施、伤天害理和作奸犯科这三件本职工作的同时，还忙里偷闲地抽空生下了十三个儿子。他给高纬留下了一笔宝贵的人才遗产，那就是以和士开、祖珽、高阿那肱、穆提婆、韩长鸾等为代表的一批极品佞臣。最关键的一点在于，他临死之前还没理顺高纬和高俨这两兄弟的分工问题，以至于这成了一桩历史遗留问题，为本已岌岌可危的北齐朝廷带来了更加凶险的隐患。

这一年，音乐少年高纬十二岁，五道杠少年高俨十一岁。

十一岁的高俨决定要干点什么了。凭什么高纬每天弹琵琶玩乐队，却能霸着一把手的位子，自己放弃动画片、漫画书和麦当劳等业余爱好，一心扑在军国大事上，成日里累死累活像条驴，还得受和士开那帮娘娘腔的窝囊气。这个位子本来就该是我的，就该是我的！

要当皇帝，首先要搞定和士开这个北齐第一权臣，这个思路延续了南北朝时期诸多篡位谋权者的传统美德，没什么太多创新，但贵在实用。高俨把"干掉和士开"作为下阶段的重点工作，当成一项政治任务来抓。在这一点上，他与尚书右仆射冯子琮不谋而合。要说冯子琮年轻时也是和士开的人，但他一直觉得尚书右仆射这个岗位不太适合自己，以自己的人品、性格和工作能力，最适合的岗位应该是尚书左仆射什么的才对。加上冯子琮又娶了胡太后的妹妹，自觉在级别上应该不低于胡太后的姘头和士开。于是，冯子琮与高俨在思想上达到了高度的一致：杀掉和士开这个娘娘腔和高纬这个三线艺人，省得每天听你们俩唱酸曲儿，我们都快听得吐了！

不过和士开也是在北齐混了四朝的老人了，对于高俨、冯子琮的想法，他心中门儿清。尽管和士开权倾朝野，但他有一个致命的弱点：在军方缺乏自己的力量。没有枪杆子就没有话语权，这是南北朝时期任何王朝的共同特点。高湛在的时候，和士开尚可依托大老板的荫庇恃宠而骄。大老板翘辫子了，剩下一个高纬又专心从事音乐创作，和士开突然发现，自己总不能亲自提把菜刀去跟高俨、冯子琮拼命吧？

和士开急忙跑到高纬面前，小心翼翼地对高纬说："老板，高俨和冯子琮想造反，咱们得先下手为强，把高俨的兵权给夺了吧？"

高纬说："第三届草原音乐节的筹备工作怎么样了？"

和士开："……"

公元571年秋。高纬十五岁，高俨十四岁。高俨、冯子琮秘密上表弹劾和士开，忙于筹备个人演唱会、草原音乐节和新专辑发售的高纬在百忙之余也没细看奏折，就草草地签了个"同意"。七月二十五日早朝，高俨令人骗和士开到御史台去见淮南王，借机调集京畿卫戍部队诛杀和士开。

四朝权臣和士开就这样死了。死在初秋的烈日下，死在万夫的唾骂中。但事情还没有结束。

高俨本想今天就此收手，来日的事儿慢慢再说。但冯子琮不答应，他手下的禁军将领也不答应：反正手上已经沾了血，不干得彻底一点，迟早高纬是要找咱们算账的。干脆一不做二不休，杀进皇宫，砍死高纬，我们已经受够每天被他的乐队吵得睡不着的日子了！

三千多禁卫军在高俨的带领下，打着"清君侧"的旗号，浩浩荡荡地杀到了内宫的千秋门外。正在研究西洋打击乐的高纬这才吓坏了：敢情和士开只是盘餐前小菜，我才是你们的正餐呢！我每天玩玩音乐招谁惹谁了？可现在也不是发牢骚的时候啊，三千多把西瓜刀在门口候着呢。于是高纬一拍大腿，叫道："快把那两位给喊来！"

生死存亡的危急关头，高纬首先喊来的第一个人，名叫刘桃枝。

这可能是整个北齐史上最神秘的一个人物。

姓名：刘桃枝。性别：男。民族：不详。年龄：不详。籍贯：不详。职业：杀手。

没有人知道他从哪里来。他从不喝酒，只喝自己的牛皮囊中的清水；他吃饭很慢，每一顿都好像最后的一餐；他不爱说话，只习惯静静地听从雇主的吩咐；他爱好干燥，喜欢把双手的指甲修理得整整齐齐；他只穿灰色的衣服，在黯淡的天色下像一棵没有生气的枯树。

从高欢时代起，刘桃枝就负责帮大老板做一些不想让人家知道但又不得不做的事情。他活在黑暗的世界里，永远听命于龙椅上坐着的那一位，并且只听命于那一位。高欢、高澄、高洋、高演、高湛，直到高纬，他们都无条件地信任刘桃枝，因为他从没失手过，整个北齐再也没有比他更值得信任的杀手了。这二十年来，光死在刘桃枝手里的皇子就有三个：永安王高浚、上党王高涣和赵郡王高叡，王公大臣不计其数。

不久的将来，刘桃枝的杀人榜单上，又将多出两个显赫的名字。但此时，当他遵照高纬的命令，带领八十多名亲兵站在高俨的三千禁军前面时，他做出了一个令人意想不到的选择——

刘桃枝突然扑通一声跪了下来，对高俨说："我来给皇军带路！"

高俨："一边儿玩去……"

北齐第一杀神刘桃枝被高俨的部下五花大绑扔在一旁，手下的八十多亲兵作鸟兽散，场面万分狼狈。不过此时高俨由于兵力有限，对内宫仍旧非常忌惮，不敢一举杀入皇宫，干掉高纬。宝贵的时间就这样一分一秒地流失。这时，高澄的儿子广宁王高孝珩、安德王高延宗跑来挑逗高俨："当年孝昭帝高演杀杨遵彦时，只带了八十来人。现在你们有几千人，杀个毛没长齐的高纬还不容易？"

高俨听了这话，心里并不高兴：毕竟自己也才十四岁，毛长得未必比高纬更齐。但高孝珩、高延宗两位堂叔的话还是增加了高俨的信心，他终于下定决心，今天一定要摆平高纬。于是高俨做出了一个重要决定：大家做好突击的准备，先等我去找个帮手来！

高俨要找来的帮手，名字叫作斛律光。碰巧的是，斛律光也正是高纬要喊来的第二个人。

为什么高纬、高俨两兄弟此时都想到要找斛律光来？

斛律光，字明月，朔州人，斛律金之子，善骑射，号称"落雕都督"，高纬现任岳父，北齐第一名将，没有并列。斛律光的态度，对皇宫里这把椅子的归属，至关重要。

在斛律光的戎马生涯中，对阵北周、南陈两大强敌几乎保持不败的辉煌战绩，北周人民成天用他的名字来吓唬孩子。按照老高家人的这种玩法，北齐能坚持到现在没被人灭掉，与斛律光的杰出军事才能密不可分。

这不，前些天斛律光闲着没事儿又跑北周砍死了几千人、俘虏了一千多人，打下了北周建安等四座边境城池，刚班师而回。回来正准备打打麻将、钓钓鱼，好好休息几天，谁知高俨又开始折腾起来。没办法，北齐劳模斛律光又只得跑进皇宫，一方面得稳定住高俨这位特殊上访户的情绪，另一方面也要保住高纬的小命——这个小结巴虽然弹起琵琶来像弹棉花一样，但毕竟是自己的亲女婿，一不小心被高俨给砍了的话，自己的女儿可就成小寡妇了。

斛律光首先见到了肇事者高俨。高俨向他汇报了自己吃完早饭后顺便率禁军砍死和士开的主要工作情况，并向他提出了下一步工作打算：杀进皇宫，砍死你的女婿。斛律光对高俨前一阶段的工作表示高度肯定，他指出：这才像高湛的儿子干出来的事儿，我那女婿整天弹琴卖唱不务正业，我忍他已经很久了。同时，斛律光又对高俨下阶段的工作提出了几点个人建议，并指出：高纬暂时还砍不得，谁砍他我就砍谁。等会儿我去找他谈谈，你们两兄弟和好如初得了。

稳住了高俨，斛律光连口开水都没喝，马不停蹄地跑进内宫，找到了高纬。一看高纬这小子，斛律光差点没笑出声来：平日里左手琵琶右手麦克风的音乐青年高纬，正穿着一身明显偏大不合身的铠甲，手里像攥根黄瓜一样攥着一根长矛，带着四百多个乐队成员改编而成的内宫宿卫，哆哆嗦嗦地等着高俨杀进来。斛律光又好气又好笑，对高纬骂道："你当这是过家家呢？快别哆嗦了，赶紧地，收拾一下换件衣服去见高俨，我跟他们都谈妥了，你只要出个面就行！"

斛律光带着高纬来到高俨驻扎的千秋门，两人一亮相，神奇的事情发生了：三千禁军几分钟跑得一个不剩，千秋门前偌大的广场上就站着斛律光、高纬、高俨及他的五六个死党，当然，还有那个被绑着的刘桃枝。大家大眼瞪小眼，要多尴尬有多尴尬。斛律光一把走过去抓住高俨的小手，硬拉着他向前，对高纬说："你弟弟脑壳和肠子灌了水，有些轻举妄动，等他长大了，自然不会这样，请求陛下宽恕他。"

要说文艺工作者就是有肚量。高纬一声没吭，突然拔出了高俨的佩刀，乱拍高俨扎着辫子的头，打了很久，才释放了他。在别人看来，这不过是两个小兄弟之间的一次平常而友好的斗殴，打完了也就和好了，跟没事儿发生似的。

但事实上，事情很大。

公元571年的千秋门之乱，让高纬变了一个人。

虽然从小耳濡目染的都是骨肉相残、尔虞我诈，但高纬的内心始终还是干净的，他一直活在自己的音乐世界里，只有音符和旋律伴随着他一路走过。但这一次亲生弟弟的背叛，改变了他的世界观。原来，这个世界所有的公理、所有的规则只有四个字：弱肉强食。什么道德，什么伦理，什么亲情，不过是强者的玩物。为了自己的生存，没有谁是不能被牺牲的。

摇滚乐就像一把双刃剑，它骨子里的叛逆、暴力、血腥、性冲动，代替了那些和平、博爱、友善的元素，充斥了高纬的内心世界。

高纬抓捕了库狄伏连、高舍洛、王子宜、刘辟强和翟显贵等高俨的同党，冷静地令人将他们的躯体肢解，然后把这些人——准确地说应该是尸块，挂在大街上示众。胡太后则干掉了冯子琮，并赶紧把高俨接到自己身边，食则同席，卧则同寝，每天吃饭都得自己先尝，生怕高纬把他给鸩杀了。

但高纬显然不是省油的灯。他趁胡太后睡觉，骗高俨早起打猎——这个桥段过于眼熟了，七百多年前，吕后就是趁刘盈出外打猎、弟弟刘如意单独在寝宫时，找机会将其毒死的。看来骗人出来打猎这件事，在古代简直屡试不爽，成了杀人灭口的不二法门。高俨显然不爱读历史，不知是计，刚刚进殿就被刘桃枝反绑起双手，用袖子堵嘴，背负到宫里砍了头，时年十四岁——瞧瞧刘桃枝这一系列动作，明显有报复心态，毕竟那次给高俨下跪还让人给绑起来的遭遇，让这位北齐第一杀手在三千多人面前丢尽了脸。高俨的四个遗腹子也都"生数月而幽死"，斩草除根是杀手的行业标准。

高俨的死拉开了这场演出的序幕。

高纬在一个更大的舞台上，开始了自己的个人演唱会。

公元572年7月，高纬受宠臣穆提婆和祖珽挑唆，使刘桃枝杀岳父斛律光。原因很简单，他不放心一个只要出现在宫门前就能令三千叛军不战自败的人站在自己的身边。灰衣杀手刘桃枝和三个大力士用弓弦勒死了斛律光，也勒死了北齐最后的希望。北周武帝听说斛律光死了，简直比自己娶媳妇儿还高兴，一个激动，立即下令全国大赦，大家一起过嘉年华。

杀掉了天下第一名将斛律光还不算完，公元573年，高纬又对天下第一帅哥兰陵王高长恭下了手。当然，这也不能怪高纬，木秀于林，风必摧之，高长恭实在是风头太劲，高纬虽然也颇有容貌，但在英姿勃发的高长恭面前就像一个营养不良的跟班小弟，每次高长恭进宫汇报工作，宫中的妇女全都自觉地跑出来欣赏并指指点点，比高纬每天晚上点名侍寝时还要积极。高纬实在受够了，在他的心里，整个北齐的女人都是自己的女人，而没有哪个男人能忍受自己的女人心中全是另一个男人。忍无可忍，无须再忍，高纬派人给高长恭送了点蓝色小药丸，直接就把他给鸩杀了。

据说，高长恭离世的那天，邺城的紫薇花纷纷飘落，在风中如泣如诉，像是在为这位奇男子送行。

高纬用不到两年的时间，先后干掉了北齐最猛的男人和最帅的男人。

他亲手为北齐王朝掘开了坟墓。

接下来的东西就缺乏创意了，高纬的表现基本上和史上诸多昏君一样，没什么太多差别。首先是劳民伤财、大兴土木修宫殿，接着把跟着自己混乐队的那帮宫女、太监甚至宠物都封为仪同、郡君，然后坚持翘班，把朝政交给祖珽、高阿那肱、穆提婆、韩长鸾等一帮流氓，任由他们加税、卖官，自己专心投入音乐创作和角色扮演游戏。他在宫内华林园做一个"贫穷"村舍，自己披头散发，穿叫花子衣服装作乞丐求食；又仿造穷人市场，自己一会装卖主一会装买主，忙个不停；还仿建一些城池，让卫士身穿黑衣模仿羌兵攻城，他用真正的弓箭在城上射杀"来犯"的"敌人"；又跟兄弟南阳王高绰一起，把两三升蝎子放进一个大浴盆，绑缚个人放进去，一同看那个人被蜇得号叫翻转；接着又让自己宠信的胡人何猥萨与高绰玩相扑游戏，玩着玩着直接就把高绰给玩死了。后来这个相扑游戏和《兰陵王入阵曲》一起传到了日本，日本人民得之若宝，一千多年传下来，居然也成了日本的国粹。

由于爱好音乐，高纬结识了善于演奏琵琶的和士开；同样因为音乐，高纬又和宠妃冯小怜走到了一起。

和老高家的所有子弟一样，高纬的身边从来不缺少女人，从十来岁开始，环肥燕瘦、各式各样的女人他都试过了，女人对于高纬来说，不会比一把琵琶更珍贵。但冯小怜是个例外。首先她能弹琴，工歌舞，能和高纬探讨音乐、人生和理想什么的；但比精神沟通更为重要的是，冯小怜拥有无与伦比的肉体沟通能力，据说，冯小怜女士天赋异禀，"内挟淫技，宛若处子，与之交接承欢，无不曲尽其妙"，在精神、肉体两个层面都能和高纬达到天人合一的沟通境界，也无怪高纬视若珍宝，时不时地把光溜溜的冯小怜抱到朝堂上，摊开来供大家共赏——要说高纬这小子真是蔫坏，表面上他挺大方的，自己的老婆脱光了让大家一起看，其实他就是要大家看得见摸不着，干着急。

在冯小怜的陪伴下，高纬的音乐创作达到了前所未有的高度，每天光着身子的冯小怜最大程度地激发了高纬的创作灵感，他以惊才绝艳之音乐才华，写下了北朝古乐府中最为恢弘壮丽的乐章——《无愁曲》，据说是披头士唱的 *Let It Be* 的古中文版，整曲绕梁三日、荡气回肠，如水银泻地般地唱出了一个乱世天子随波逐流、随遇而安的嬉皮情怀。

但《无愁曲》也成了北齐的安魂曲。

公元576年，北周大举伐齐。高纬带着冯小怜，一边过着夫妻生活一边督师，起初北周也没占什么便宜，可高纬过于注重冯小怜的旅途感受，忽视广大将士的死活，战局急转而下，齐军败的败、降的降、叛的叛，一会儿工夫周军就打到了邺都。

值此生死存亡之际，齐国知名谋臣、斛律家的优秀子弟斛律孝卿亲自为高纬撰写了意气风发、拼死守城的讲话稿，请高纬亲自向守城将士发表讲话，鼓励军心，并劝小皇帝在演讲时"应该慷慨流泪，以此感动激励士兵"。

如果这次说好了，高纬就是乔治六世一样的民族英雄，后世将有电影工作者将这次载入史册的演讲拍成影像，冲击奥斯卡小金人。高纬对此也是高度重视，几天没跟冯小怜过夜，也没跟乐队一起练习《无愁曲》，而是把自己关在房间里，对着镜子整宿整宿地练演讲稿，尤其针对面部表情和手势，他还专门请宫廷御用跑龙套的演员进行突击培训，力求展现慷慨激昂、义愤填膺的视觉效果。

国王的演讲时间终于到了！

人们都记得那天，"风萧萧兮易水寒"，"大风起兮云飞扬"。十余万将士胸怀哀兵必胜之心，庄严肃穆的气息笼罩在宫门前。只见一身戎装、英俊挺拔的高纬出现在宫楼之上，身上颇有风霜之气，众人顿感壮怀激烈，非畅饮一壶烈酒无以抒怀。十余万双眼睛都注视着高纬。就在这个关键的时刻，高纬突然发现一件重要的事情——自己忘了讲话稿上的词儿！他下意识地摸一摸左口袋，没有底稿；右口袋，也没有。高纬心里痛骂昨天伺候自己入寝的太监，没事儿干吗给自己换上这件新衣服，搞得本来连夜打好的小抄都没带在身上。大伙儿在寒风中等了半天，只见高纬左摸右摸，就是不开声，场面别提多尴尬。斛律孝卿瞧出了点问题，他小声对高纬说："忘词儿没事儿，您随便说点什么就行。"高纬点了点头，打算就势来个即兴演讲。

事儿就坏在这里。按说高纬也算是文武全才，又是文艺尖子，但同时他还有一个结巴的毛病，要他即兴演讲，无异于要围棋选手去练举重。高纬看着楼下这十多万哥们儿，脸都憋红了，一句话也说不出，自己先大笑起来。这一笑不打紧，左右太监、幸臣也跟着大笑。只见宫楼上大伙儿乐成了一团，就差没开香槟了。

高纬笑了，可将士们笑不出，大家背井离乡、抛妻弃子地来替你卖命，不是来看你傻笑的。所有将士都感到一种被戏弄的耻辱，北齐在这一刻，已经提前败了。

在北周打进邺都之前，高纬为逃避责任，学自己父亲的样，禅位给太子，自己做太上皇。还没等周军攻城，他就带着冯小怜往济州跑，一有空还得与冯小怜温存一番，殊不料"周师奄至"，高纬吓得肝胆俱裂，最终在南邓村被周军追及，一网打尽。

被掳至长安后，高纬被封为温国公。周武帝仍将冯小怜赐还高纬。然后就开演周朝献俘太庙的大戏，高纬等家族大臣几百人作俘虏降臣状，跪于周国太庙前，至此北齐五十州，一百六十二郡，三百三十万户皆入于周。

半年以后，为斩草除根，周朝人诬称高纬谋反，宗族百口包括三十多个直系王爷皆赐死，只有高纬两个患白痴病和有残疾的弟弟高仁英、高仁雅活了下来，迁于西蜀偏僻之地任其自生自灭。

高纬死后，周朝皇帝把冯小怜赐给王室贵族、北周道德楷模代骥王宇文达。殊不料，本来以坐怀不乱著称的宇文达对冯小怜见而奇宠，原来的代王妃李氏被小怜挤对得差点活不下去。但小怜虽遇新王恩宠，仍然不忘高纬的好处。一次弹琵琶断弦，即兴还作诗一首：

"虽蒙今日宠，犹忆昔时怜。欲知心断绝，应看膝上弦。"

伯牙绝弦，高山流水，千金易得，知音难觅。高纬的《无愁曲》就此成了千古绝唱，但我们都知道，至少他和冯小怜一起唱过。对于一个音乐人而言，足够了。

伍

隋炀帝杨广：骨灰级驴友是怎样炼成的

"嘿，我说宇文，你知道吗？在我们这个年代，许多人一辈子只到过两个地方：家和坟墓！"

"我不太明白你的意思……"

"给我点时间，我会走到这个世界的尽头，到夸父倒下的地方，看一看他未曾追上的落日！"

我的名字叫作宇文化及，那一年，二十五岁。喊我"宇文"的这个男人，叫作杨广，十三岁，隋文帝杨坚的次子，卫国公独孤信的外孙。十三岁的杨广，已经足以称作男人了，因为他是关陇世家的子弟。传说中六镇胡汉、关陇八家的男子，从出生起就是真正的男人，入则为相，出则为将，集天下武功才智美貌于一身，担负着维护宇宙和平、消灭九大行星怪兽的历史重任。他们的家族已经统治这片大地一百余年，而且还将继续统治下去。宇文氏的祖先也曾是关陇八家中最强悍的一支，但他们已经被屠戮殆尽，剩下的，只有父亲宇文述这个鲜卑族奴仆的后代，苟延残喘着宇文家族最后的荣耀。

我的名字叫作宇文化及。杨广喊我宇文，干部们喊我宇文大人，长安人民群众喊我轻薄公子，李密和杨玄感背地喊我宇文小狗。我是杨广生平唯一的知己，我是杨广身边最忠实的奴仆，我是杨广生命的终结者，我为杨广代言。

这是公元581年的春天。周静帝宇文阐将皇位禅让予杨坚，杨坚三让而受天命，定国号为大隋，改元开皇。杨广作为次子，被封为晋王，移藩并州。

毫无疑问，并州是个很重要但很糟糕的地方。作为距离关陇世家龙兴之地最近的重镇，并州扼住了太行的龙脉，是北方游牧民族南下中原狩猎的必经之地。得太行者得天下，杨坚安排杨广坐镇此地，也充分体现出领导的信任和关怀。但对于我的好朋友杨广来说，并州这该死的鬼地方实在不怎么样：每个菜里都要放醋，连西红柿炒蛋都不例外；女人个个五大三粗，皮肤粗糙得就像松树皮；夜生活乏味无趣，除了唱卡拉OK外就是到路边摊打桌球，一点也不像是个省会城市，整个一城乡接合部的风光。这样的地方待久了，言谈举止间都会情不自禁地透露出一股无法掩饰的乡土气息。作为在长安这座被称作"公元6世纪的纽约"的大城市里出生的孩子，杨广有理由无法爱上并州的生活方式，他不是牛仔，不是棉花贩子，他向往奢华的上流社会，私人游艇、香槟、雪茄、贵妇、嫩模，彻夜不休的sex party。

有一天晚上，在晋阳城外的夜宵摊上吃完烤串，我们走回城中。秋日肃杀的夜色下，空旷的大地如洪荒时代般寂静，那些被风化的岩石上长满黑色的苔藓，这是公元582年的并州，荒凉、冰冷、无趣。月光下，杨广对我说："我说宇文，你去过江南吗？江南怎么样？"

"我没去过……那里是南陈的地盘……不过我听南方来的家仆说，江南是个好地方。我的意思是说，江南真他妈的是个好地方。"

"是吗？那里的女人怎么样？"

"江南的女人，每天都会用蜂蜜和桑葚汁清洗下身，即使生了十个八个孩子，还跟处女没两样。"

"那里的酒呢？你知道的宇文，酒和女人一样重要。"

"我喝过一次江南的竹叶青，一杯下去，我就恨不得干上十个八个女人才行……相比起来，并州的酒简直就像从臭水沟里刚端出来的一样。"

"宇文，我们会去江南，我们会去尝尝竹叶青，相信我，我们会在那里。"

但那一年，我们没有去江南，我们去了一个比并州更荒凉的地方。杨广奉命率十万大军驰援东突厥。茫茫的草原上，阿尔泰山脉如长刀般将大地割裂，我们看不见野马在无尽的旷野中奔腾，我们只看见残阳如血。大隋帝国的士兵像追赶野狗一样，在草丛和沙丘中屠戮着西突厥人、阿拔人、柔然人和契丹人。我们支起了烤架，在辽河畔一边看着杀戮，一边烤着美味的黄羊腿，用突厥人丢下的酒器来饮酒。据说这些酒器都是用敌人的头骨制成的，管他呢，不是谁都有机会在这样漫无边际的草原中、在这样的天气下无忧无虑地喝上一杯。让那些战士们去立功吧，我们的刀还没有沾血。

公元583年，杨广回到并州，娶了一位江南女子，姓萧，兰陵萧氏之后，南梁皇室遗族。她比杨广还小一岁，但已经是一个真正的女人了，如关陇八柱国的子孙从出生起就是真正的男人一样。我从没见过这样的女人，长安没有，并州也没有，并州的女人看上去跟男人没什么两样，即使脱了衣服也是如此。但萧氏不同，她是个江南女子，她出生于不吉利的二月，她拥有一双健康而结实的长腿。自从她来到杨广身边之后，杨广再也没和我们去吃夜宵了——他没空。若干年后，我也知道了杨广没空的原因，还有窦建德、突厥处罗可汗、颉利可汗、李世民……这个长长的名单上，杨广不过只是其中的一个。

这个年代的时间总是过得很快。转眼我们在并州已经待了七年。公元588年，我三十二岁，杨广二十岁。那一年的冬天，并州的雪下得很大，听说许多人冻死在荒郊野岭。即便在太平盛世，也会有人冻死，这不是我们的事，这是天神的懿旨，我们要做的，就是过好余下的每一天。寒冷的北方大地再也忍受不了这种无趣的生活，所有人都把目光盯住了隔江之遥的南方，那个被丝绸、美酒、脂粉、金银笼罩的国度。

杨广兑现了自己的诺言。我们没在并州待多久。公元589年，杨广被拜为隋朝兵马督讨大元帅，统领五十一万水陆大军，一举杀入建康城，灭掉陈朝，亲擒南陈后主陈叔宝。

我们站在了紫金山上，俯瞰这座宏伟的城市。纵横交错的道路两边，商贾如林般云集，女人们在疯跑，她们不知该逃向何方，这座城市实在太大了，但它的每个阴暗的角落现在都暴露在我们的面前，像个裸露的妓女一般，没有任何遮掩，也没有任何羞涩。

这是座过于阴柔的城市。这是我们想得到的地方，我们就站在这里。

与以往所有攻破这座城市的军人不一样，杨广没有杀人，没有抢掠，没有施以任何暴政，他安安静静地来到这里，走遍了秦淮河边的街区和深巷，经过那些含苞待放的梅花、桃花和玉兰花。他像一个远行的游子回到故里一样，贪婪地呼吸这座城市的气息。杨广属于这里。他不属于关陇，不属于太行，也不属于北方的草原。他必须艰难地融入这片温暖而湿润的土地，让梅雨季的水滴响起在他的窗前。

"我们不走了吗？"

"哦不，宇文，我们还是要离开的，我们不能总待在一个地方……"

这是个疯狂而沉寂的季节。我们就这样待在南陈的皇宫中，聆听着那些曾经响起在这座宫殿中的音乐声、嬉笑声和呻吟声。我们亲手毁灭了这一切。我们身上肮脏的羊膻味，与这里格格不入。

但杨广爱上了江南，他像个东晋的士族子弟一样，喜欢上了这里的生活方式。踏青、清谈、饮茶、写诗、礼佛，当然，我们还追求性爱，享受美食，甚至毒品——寒食散。为什么不呢？这里不是长安，没有我们道貌岸然的父亲大人，也没有如吸血蝠般窥视着我们的太子党羽。

但正如杨广所说，建康城不是我们的终点站。公元590年，杨广和我来到了一个世界上最让人难以忘记的地方——广陵。多年以后，人们叫它扬州。没错，就是扬州。

比起建康，广陵只能算是一个小县城。但这里留下了魏晋遗民最纯粹的享受方式，和着《广陵散》激昂而诡异的旋律，那些在这个清教主义的时代未曾沦陷的罪恶，于宫、商、角、徵、羽的环绕中熠熠生辉。瘦西湖的形状像极了女人的私处，没有人知道在湖的深处都有些什么，我们只能任凭自己随波逐流，迷失在那烟雨浩渺的晚风中。

杨广和我在扬州度过了七年，人生中最美丽的七年，永远不能回去的七年。

这七年改变了我们的一切。

七年里，杨广每次回京面圣、述职，路上必生重病。关陇之地的风沙竟然让他强健的身躯感觉不适，更加重创了他的灵魂。杨广仍然还是那个永远向往着远方的杨广，但他在广陵女人的肚皮上耗费了太多精力，虽然在别人面前始终保持着简单、强悍、硬朗的鹰派形象，但只有我知道他内心的软弱。三十岁的杨广已经如我一般老去。

公元600年，杨坚在位的第二十个年头，这是个改变了历史的年份。

这一年的春天，杨广再次北上击溃了东突厥主力骑兵，一举杜绝了北疆边患，从此突厥人十五年内未敢南下。"秋昏塞外云，雾暗关山月"，随着岁月的流逝，杨广用实际行动证明了自己结实的屁股对于那把椅子的合适程度。同年11月，杨广在我的父亲宇文述、尚书右仆射杨素强有力的支持下，把不再受杨坚和独孤皇后待见的杨勇挤掉，成功地完成了从晋王到太子的逆袭。

天下大长安，我们又回来了。

作为一个华阴人，回到长安的杨广本应有回家的感觉才对。可他却哪儿哪儿都不适应，既不爱吃岐山臊子面，也不爱吃羊肉泡馍，听不惯撕心裂肺、用生命在摇滚的秦腔，喝不惯烈性的西凤酒，除了偶尔邀请几位米脂的少女进宫一叙之外，简直找不到任何生活乐趣。长安的天气更是糟透了，风是干燥的，没有江南令人迷醉的湿润之气；天气是寒冷的，没有江南之地四季如春般的舒适感。光秃秃的秦岭山脉让人找不到一点春游踏青的欲望，城市虽大却一点也不活泼可爱。杨广找不到一点爱长安的理由，他的肉身留在长安，他的灵魂却早已飞向了远方。

杨广总是对我说："嘿，宇文，我们总有一天要离开这个该死的地方，我受够这个狗娘养的长安了！"

公元604年，杨坚死了。他死得很突然，许多人都说他死在自己的亲儿子杨广手里。但那又如何呢？管他的，杨广还是顺利地坐上了那把椅子。近两百年来，这把椅子反复辗转在九朝六十个皇帝的屁股下，终于到达了最后的目的地。

我依稀记得登基那天，杨广的脸上并没有表情。这是他想要的东西吗？我们曾经约好的沿着丝绸之路走到东罗马帝国，看一看拜占庭的日落；或者乘一叶孤舟远渡扶桑，尝一尝那里的新鲜鱼生；又或一路向北，穿过沙漠与草原，在西伯利亚苦寒之地打磨筋骨。假以时日，我们都能做到的。但这些，随着他坐上这把椅子，都成为幻影。

我错了。

杨广从来就不是一个把自己束缚于任何虚位之中的人。晋王时如此，太子时如此，皇帝时亦如此。

杨广登基后不久，就带上杨素、杨达、宇文恺等人，亲往邙山。没人知道他想做什么，除了我。他再也不能在长安哪怕多待上一天，他受够了长安城无处不在的流言蜚语，受够了长安城积淀千年的腐朽气息。他要逃离这种生活，用自己的方式活着。在邙山上远眺，他看见一处绝佳的地方，位于邙山之南、伊阙之北、瀍水之西、涧河之东，只见此处紫气氤氲、地势奇峻，最重要的是，这里只属于自己一人！

洛阳，大隋帝国的东都，在杨广的眺望下，开始绘制出一张空前的蓝图。

在东都建设完工之前，杨广和我又回到了扬州。

他的心还在远方，但身体已经离不开扬州奢靡腐烂的生活了。

我们不停地召集来江南各地的美女，让她们当着我们的面脱光衣服跳舞，用酒浆洒满全身，我们可以一边享受美酒，一边和她们不停地做爱。这种性派对往往持续通宵达旦、彻夜不休，直至每个人都筋疲力尽。这时我们就会一起喝上一杯龙井茶，让侍女按摩我们酸痛的腰背，耐心地等待黎明的到来。扬州的清晨是世界上最美的清晨，清澈的空气洗涤了昨夜的疯狂与淫乱，只留下一些安静而平凡的东西，我们要做的只是静静地躺在那里，看着琼花在柳树边悄然绽放。

就在此时，两百万大隋子民正在东都洛阳，为杨广一人修建着可能是人类有史以来最浩大的工程。其中，显仁宫和西苑是这项工程的核心。在杨广的规划中，显仁宫南连洛水支流皂涧，北抵洛河北岸，方圆十里。西苑在显仁宫之西，与显仁宫相辅相成，方圆二百里，里面开凿方圆十余里的人工海，人工海上筑有蓬莱、方丈、瀛洲三座"仙山"，高出水面一百余尺；苑北有龙鳞渠，蜿蜒曲折注入人工海，沿龙鳞渠两侧筑有十六座离宫别院，宫门正对波光粼粼的渠水；十六院中，堂殿楼观鳞次栉比，四季如春。显仁宫和西苑，都是杨广的江南梦，他想把洛阳也变成另一个容纳灵魂栖息的扬州。

杨广的命令被不折不扣地执行着。大江南北的良材美石纷纷运抵洛阳，用以修建显仁宫；广泛搜罗四海之内的嘉木奇卉、珍禽异兽，以装点宫苑园林；同时诏命建成之日，洛阳郊区及天下各州的数万户富商大贾必须迁居洛阳，以充实户口、繁荣东京……为了将东都与扬州在地理意义上连通，杨广又命尚书右丞皇甫议，征调河南、淮北各州的男女民工一百多万人，开始夜以继日地开凿通济渠，自洛阳西苑引导谷水、洛水注入黄河；再从板渚引导黄河水，经荥泽注入汴河；继而又从大梁的东面引导汴水进入泗水，最终汇入淮河。同时又征发淮南民工十几万人浚通古邗沟，再从山阳引淮水南下，至扬子注入长江，打通一条全长一千一百公里，连接黄河、淮河与长江的水上长城。其中，通济渠淮南段两岸修筑御道，遍植杨柳，插彩旗、挂标语、循环播放《自由飞翔》的音乐，着力打造滨江休闲绿色景观带。同时，从长安到扬州，沿途修建四十多所行宫，以便随时享受当地美女、美景和美食。

杨广不计成本地将随心所欲的理想一点一点变成了现实。

我依稀还记得那一年的夏天。和以往的年景不一样，那年的夏天不算太热，但空气很闷，蝉叫得很哑，路边有一条条热死的菜花蛇，散发着腐尸的恶臭，与干草堆的枯叶味交织，让这个夏天变得有些令人生厌。通济渠宽阔的水面上，一片死一般的平静，只有奴隶们低沉的喘息声，在大运河之畔如撕扯败絮般回响不息。大运河游艇俱乐部的首航在疲软无力的阳光下，示威般地开始了。

杨广和我驾乘的游艇名字叫作龙舟号，大得就像克里特岛上的米诺牛迷宫，有的女人一进去就再也没走出来过。杨广在游艇里召开朝会，举办淫趴，临幸宫女，畅饮美酒，欣赏风景。在我们的身后，皇后、嫔妃、王侯、将相、百官、僧道、术士，乘坐在两千余艘大小船只内，另有三千余艘兵船负责安全保卫，舳舻相连二百多里；陆地上，八万多名纤夫、二十万名骑兵和十万名步兵一路相随，旌旗遮天蔽日。

我们离江南越来越近。

我们离江南也越来越远。

我对杨广很失望。因为从十五岁起，杨广就是一个知道自己究竟想要什么的人。这种人不多。许多人的生活就是随波逐流，哪怕是统治者也不例外。他们在乱世中杀人，在盛世中享乐，在无知中死亡，他们的人生就是绝对听从命运的安排。杨广和他们不同，他一直在坚定地追求着属于自己的生活，看一看蓝天的尽头，听一听海浪的声音，他像个亚细亚的孤儿，不停地寻找灵魂的栖息之所。

但不幸的是，杨广现在和这个时代的大多数人一样了。他忘记自己想要的究竟是什么。他宁愿与五十多万人一起，分享旅行中最私密的乐趣。他像个婊子一样，离不开性与热水澡，他喜欢男人们毕恭毕敬地对他说话，他喜欢女人们像充气娃娃一样对他服服帖帖。与他一起加入到这次游艇之旅当中，我感到一阵阵的耻辱。

那些并州的老月光，塞外的干狼粪味儿，建康城的毒品渣，它们在嘲笑着三十六岁的杨广和四十八岁的我。我们的青春期就这样在五十多万人的注视下，可耻地结束了，尽管它很漫长，但总有一天会结束，不是吗？

可悲的是，尽管不再年轻，但该死的生活还将继续。

我们将在死亡来临之前苟延残喘，成为日后世人的笑柄。

然后在坟墓中度过永远。

杨广不知道这些，他已经没空去思考什么东西了。他的肉体和灵魂，都在大运河的流淌中沦陷。

在扬州，我和杨广发生了激烈的争执。

"你说过要到达夸父倒下的地方，可你现在却像一堆烂泥一样躺在这里！"

"宇文，你知道你在跟谁说话吗？只要我打一声响指，外面有三千多人会很乐意把你的人头割下来，装饰我的新行宫！"

"那你快动手吧，我不想跟着一个没志气的窝囊废，待在温柔乡里等死。"

杨广没说话，他看着我。他身边六个全身赤裸的宫女也战战兢兢地看着我。上次这座行宫里出现这种沉寂的场面，还要追溯到三个月前。那次，杨广冷静地下令处死了十五名犯了点小错误的内侍和宫女。杨广不是一个软弱的男人，他有能力也有胆量杀死任何对他不够尊重的人，包括宇文述的儿子和杨素的儿子在内。我在触碰他的心理底线。他不仅是我最好的朋友杨广，那个背包客，那个旅行家，那个床上的小野兽，他还是令所有政敌毛骨悚然的大业皇帝。近二十年来，任何与他为敌的对手都化为了灰烬，包括天下间那些最可怕的人。

但杨广只是看着我，没发出那道死亡的指令。

他知道我是对的。

我们仍然不属于这里，我们这种人，注定属于未知的远方。

公元607年4月，江南最美丽的季节。油菜花在阳光下娇媚地生长，稻秧如处女般摇曳生姿，但我们要离开了。我们要回到洛阳，回到华丽的显仁宫，那里是我们的新家，那里有我们的梦。

洛阳不是第二个长安，它是当年的咸阳。在这里，杨广内心深处的始皇情结得到了尽情的宣泄。显仁宫与西苑，共同组成了一幅粗鄙的盛世王图，掩盖了洛阳城里所有的痛苦和哀号。我们再也没能像当年在并州那样，吃烤串、听音乐、看星空，与所有的大城市一样，洛阳城里看不见星星，抬眼望去，一片连着一片的屋檐。蠢笨的木石结构建筑物毁掉了这座城市原有的风情，那些灵动的东西在匠气十足的"火柴盒"面前，显得不堪一击。洛阳没有画家，没有行吟诗人，没有乐师，有的只是官员、商人、工匠和奴隶，世界上最无趣的人群似乎都集中在这座新兴的都市里。它如东施效颦般同时复制着建康和咸阳，我发誓没有人会爱上这座城市，哪怕是它的创造者。

但是，杨广定都洛阳，是有他的理由的。

因为洛阳，单纯从地理上来说，位于天下的最中心。从洛阳出发，或西走关陇，或东达海岱，或北通燕赵，或南至江淮，天下之大，无不在洛阳"三月游经济圈"范围内。杨广可以从洛阳出发，到达任何一个他想去的地方。

于是，我们在洛阳还没待到两个月，未曾享受东都精彩的夜生活，又将出发了。这次的目的地，是一个太阳落下的地方——万里长漠。

我们从洛阳出发，经长安、晋阳这两个老地方，过雁门关，北上榆林，继而渡黄河至定襄，巡视东突厥部落。一路上，我们和突厥人一起，不断地用弓箭猎杀麋鹿、野猪，而不是彼此射杀。身穿猎装的杨广英俊极了，像个真正的男子汉一样，强壮、冷静、严肃，只专注于眼前的猎物，任何风吹草动都无法打扰他的眼神。他在猎场上的表现，丝毫不弱于床上。假以时日，他会成为一名出色的猎手，我想。

但我们还有多少时间？

谁知道呢，先把眼前的这头麋鹿射倒再说。

再也没有比生命更碰运气的东西了。

回到洛阳后，杨广更加明白了这一点，因为，他的太子杨昭和天下第一重臣杨素，死在了同一天。

杨广抱着儿子的尸体，哭了整整三天。他这一生都不知道怎么做一个好父亲，这是杨广永远也比不上杨坚的一点。昭儿跟着我们从并州到扬州，从扬州到长安，从长安到洛阳，然后就再也无法继续他的旅程。我们第一次感觉身体中的力量在随着岁月的脚步一点点地流逝。年轻人和老人正在死去，而我们无能为力。

死在哪里真的不那么重要，死在哪一天也不那么重要。重要的是，我们还活着。

冬天又如疽附骨般地到来了。

这个冬天，杨广和我成日待在西苑里，用一些特别的方式，发泄生命中残存的精力。我们饮用了一种不知名的饮料，它能让一个四十岁的男人变得像五个二十岁的男孩加起来一样出色。我发誓我这一辈子都没试过一晚上应付这么多女人，杨广和我一样惊讶地面对这种饮料带来的神奇效果。当然，我们知道汉成帝刘骜、南齐明帝萧鸾等人物，都是因为喝了这种饮料，四十来岁就完蛋了。那又如何？总比五十岁就阳痿的梁武帝萧衍强吧。

这种饮料让我们的这个冬天过得比以往更有意思点，至少不用担心十二个时辰中的三分之一该怎么打发。另外，西苑是个非常适合做爱的地方，这里的景色让我们想起了江南，想起了扬州。是啊，扬州人可能是这个世界上最懂得生活的人群，他们能够领悟生命的真谛。这些都不是我们这种来自北方大地的人群所能懂得的，我们只会在西苑的花丛里搞女人，毫无疑问，我们是一帮乡巴佬。

我们就这样，通过大运河的连接，在长安、洛阳和扬州之间消磨着宝贵的时间。与此同时，杨广还抽空干了一件很无聊的事儿——修长城。百八十万刚修完大运河的劳动力又马不停蹄跑到塞北来搬砖。他们中的许多人，在塞北苦寒之地悄无声息地死去。长城下的枯骨，似乎不会比大运河的河床下掩埋的更少。他们在那些贫瘠不堪的土地深处，手挽着手，低声唱起了没有宫字调的悲歌。

公元606年，杨广率大军出发到甘肃陇西，西上青海横穿祁连山，经大斗拔谷北上，到达河西走廊的张掖郡。这是我们有生以来最冒险的一次旅行。在张掖，我们的士兵冻死大半，随行官员也大都失散，我们吃尽了苦头。我对杨广说："我不能再往前走了，一步也不行！"

杨广像个未经世事的少年一样，笑着对我说："嘿，我说宇文，你难道不想看看这个世界的尽头吗？"

我们在西域待了半年多，最远到达了青海和河西走廊，是有史以来中原的帝王抵达过的最荒凉的地方。但我们仍然没有看到世界的尽头。这个世界比我们想象的更大。杨广在西域设置了西海、河源、鄯善、且末四郡，从此将甘肃、青海、新疆等地收入大隋帝国版图之中。我想，隋帝国必将因为杨广而荣耀千古。

直到杨广做出了那个决定。

也是最后的决定。

江南、塞北、西域、中原，我们都走过了，但只有一个地方，它还在我们的脚步之外。

大陆的东北角，朝鲜半岛，高句丽。

公元607年，杨广在东突厥启民可汗的王庭与高句丽使节相约，四年后在涿郡与高句丽国主高元相见。四年后的公元611年，杨广如约来到涿郡，但高元不知是因为档期问题，还是记性问题，放了杨广的鸽子。杨广长这么大还从没被别人放过鸽子，他那脆弱的心灵受到了深深的伤害。再加上杨广一直对汉城的易容术、釜山的泡菜火锅和济州岛的高丽参非常向往，他决定：讨伐高句丽，把大隋的国旗插到金刚山上！

基于这些年灭南陈、揍突厥、扁吐谷浑的成功经验，杨广认为打高句丽有个百八十万人，也不用排什么阵形、做什么准备，直接往里冲就得了，一人一口口水也能把高句丽给淹了。当然，最大的困难就是横在面前的辽水和鸭绿江，必须得用战船开路。隋王朝造船的水平那是有目共睹、有口皆碑的，龙舟号豪华游艇就是最好的例子。但毕竟不能把大运河的船队拉到辽宁来，要打高句丽，船只还得另外造。杨广急征全国造船工匠齐聚辽西，建造船只为渡江解放高句丽做准备。

军情紧急，在此情况下，造船这活儿没法在工厂里做，只能直接在水里操作。这就要了工匠们的亲命了。这疙瘩可是东北啊，不能跟温暖的江南比，工匠们站在水里干活，冷得就像是被三百多个壮汉轮流往下半身扔冰块。再加上工期紧、任务重，老板要求大家日夜加班，许多工匠由于泡在水里的时间过长，下半身长满了蛆虫，不仔细找都没法找到哪一条是自己小便的工具。等到战船全部完工，一半工匠已经死在了水里。与此同时，官仓粮食和兵器盔甲，也在紧急运往辽西，车船衔接，路上川流不息的有十余万人病死饿死，无人收葬，横尸数百公里。

在公元7世纪当一名中国人是件非常悲哀的事情，当然，前提是建立在你的名字不叫杨广和宇文化及的基础上。百姓不是被拉去修皇宫、修大运河、修长城、造船，就是被拉去打突厥、打吐谷浑、打高句丽……各种徭役、军役将隋帝国的骨髓抽干，田地都没男劳力去种，农村里只有老弱妇孺在费力地耕作。

就在这一年，一首不知名的歌谣在辽西的军营中传唱开来。若干年后，我知道了歌名。但杨广不知道，他永远也不会再知道了。

无向辽东浪死歌

长白山前知世郎，

纯着红罗锦背裆。

长槊侵天半，

轮刀耀日光。

上山吃獐鹿，

下山食牛羊。

忽闻官军至，

提刀向前荡。

譬如辽东死，

斩头何所伤。

一百一十三万大隋儿郎应杨广的要求来到了辽西，包括江南的水军、山东的骑兵、关陇的弩手……这是大隋历史上第一次真正意义的全国总动员，也是最后一次。

杨广冷漠地看着东面那一片未知的大地，挥了挥手，一百一十三万士兵像一百一十三万条疯狗一样，冲向那些陌生的敌人。

亲历这场战争的父亲宇文述回忆道：高句丽人在我们面前简直不堪一击，但由于杨广的多疑和错误指挥，我们的军队先是在辽东城受挫，接着在平壤遭遇毁灭性打击，三十五万人马，跑回来的不到三千，他手下的大部分士兵都把尸体留在了遥远的异乡，再也无法回到祖国。

杨广将战争的失败归罪于我的父亲，进而迁怒于我。宇文家族最后的荣誉伴随着这场不应该发生的战争灰飞烟灭了。对不起，杨广，我不能再陪你度过余下的时光，我会在扬州等你回来，回到我们出发的地方。

接着连续两年，杨广又发动了第二次、第三次对高句丽国的战争。此时的天下，已经乱成了一锅东北乱炖，义军四起，战祸连绵，杨玄感、李密、窦建德、杜伏威、李渊……他们在河北，在山东，在山西，在江淮，在四面八方。大隋的精锐多半战死于三次伐高句丽之役，活下来的，也不愿意为杨广卖命了。

公元618年，四十九岁的杨广没有回到洛阳，也没有回到长安。他带着关中子弟，沿大运河南下，到达了扬州。他放弃了关陇龙兴之地，打算在建康修治丹阳宫，与叛军分江而治，重新回到南北朝时期。通过萧皇后的影响力，他能得到江南门阀的支持，效仿司马睿，搞个王马治天下之类的行政模式，寻得下半生的偏安。

但杨广没有这样做。事实上，他什么都没做，除了喝酒之外。

四十九岁的杨广把自己彻底喝成了一个相貌猥琐的胖子。没有人愿意多看他两眼，因为事业失败的落魄中年胖子可能是这个世界上最让人讨厌的一种人。如杨广，如我。

渐渐地，扬州城内的粮食日益缺乏。多年来的折腾毁掉了扬州的粮储，这座似乎永远不会枯竭的城市正在走向衰败。来自关中的年轻战士们晚上坐在篝火边，成宿成宿地唱着故乡的民谣。他们饿着肚子守护着一个什么都干不成的胖子，坐以待毙地等待着末日的到来。也许是将来的某一天，也许就是明天，李渊就会带着突厥人杀进扬州城，将他们一个不剩地干掉。谁知道呢？生活就像一场噩梦，你永远不知道什么时候能够苏醒。

对不起，杨广，我用了一生的时间书写你的故事，但是现在，我打算结束它。

我依稀记得那一天的月光，它让我想起了我们在并州的那些夜晚。世事变迁，只有月光依旧。我来到杨广的面前，看着他。我们满头的白发可以为证，这些岁月如脚下流淌的山河般历历在目。

"到时间了吗？"杨广端着酒杯，看着窗外的明月说。

"是的。"

"那还等什么？"

我的眼泪随着手中的三尺白绫，一滴滴地流下。

站在我身后的三百多名黑衣战士沉默不语。今夜必须有一个人要死在这里，不是杨广，就是我。

杨广做出了他的选择。

我活了下来。

扬州度过了这三十年来最平静的一个夜晚。

杨广至死还是没能踏上朝鲜半岛。希望他的灵魂代替他的肉身完成这一遗愿。

活着的人，还是要继续这段不知终点的旅程。

我叫宇文化及，河北魏县人叫我天寿皇帝。我，为杨广代言。

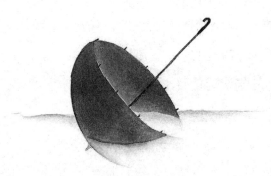

陆

唐僖宗李儇：让马球飞

公元878年，十六岁的李儇站在东内苑马球场内，环顾四周，感慨万千。就在今天，他与他的队友要用热血与汗水，捍卫这座百年大球场的荣耀和尊严。这是男人的方式，东内苑球场不相信眼泪，只相信进球。为了不在上万观众面前给自己的球杆丢脸，你必须像个男人一样去战斗。

在大比分击败靺鞨队、一球小胜波斯队、点球决胜回鹘队之后，大唐队迎来了本届世界杯马球锦标赛的最后一个对手，也是最可怕的一个对手——吐蕃队。在这个年代，吐蕃队被公认为世界第一强队，正如现在足球场上的西班牙、篮球场上的美国和乒乓球场上的中华人民共和国。吐蕃人是天生为马球而生的民族，他们已经蝉联了五届世界杯马球赛的冠军，即使在大唐鼎盛时期的开元年间，以玄宗李隆基如此天纵奇才，也无法带领球队击败吐蕃人。他们是马球场上的桑巴舞者，是沙地上的国王，吐蕃队也被球迷誉为"宇宙队"，他们疯狂的穿插跑动、流畅的团队配合、犀利的两翼进攻、精准的远程攻击，是这个年代所有马球选手的梦魇。这是一支几乎找不出任何弱点的球队，他们统治着这项公元9世纪的世界第一运动。

相比之下，大唐队就略显年轻，除了一股血气方刚的少年之勇外，别无其他优势可言。这不是一场实力对等的比赛，但它却再公平不过。因为只有进球，才能解决一切场内场外的恩怨情仇。

今晚，整个东半球的目光集中在东内苑马球场。战争、饥饿、掠夺让这个年代的人们在重压中艰难前行，但马球赋予了他们希望和勇气。这就是竞技体育的力量，它能让平日里碌碌无为、平庸不堪的人们，找到让自己沸腾的理由。

疯狂的球迷早早地将这座伟大的球场包围，他们用激情的呐喊、狂热的摇摆将球场变成了一个炙热的海洋。此刻，所有人忘记了该死的赋税、徭役和山东私盐贩的造反，看看这群年轻、勇敢、热情的小伙子吧，他们才是我们大唐最后的象征，如他们的祖先般，为这个历经创伤的国度带回即将永远逝去的荣誉。这个伟大的王朝不能没有英雄，谁能忍受异族人在东内苑击败自己的主队呢？如果是在太宗年代，这样的结果足以引发一场局部的战争。但现在大唐已经颓弱到无力惩治那些卑微的敌人，宦官、权臣和藩镇割据势力，他们让这个国家变得没有力量，只有在马球场上，我们这些年轻的小伙子，才能肩并着肩，与队友和球迷一起，分享同仇敌忾的感受。

比赛在裁判员嘹亮的牛角号声中开始了。

李儇和他的球队在一开场就陷入了苦战，吐蕃人用他们娴熟的技术迅速占据了场上的主动。他们的马匹速度如闪电般迅猛无比，大唐队的防线体系在吐蕃人刺刀见红的冲击下显得漏洞百出。尤其是吐蕃队的几名出身军旅的主力球员，不断地用一杆杆势大力沉的爆射轰击着大唐队的球门。相比之下，大唐队的球员显得临场经验不足，在关键球的处理上不如吐蕃队合理，导致整场局面显得非常被动。半场结束时，吐蕃人就以2：0的比分轻松领先。看来，这座冠军奖杯似乎又将成为他们的囊中之物。

大唐队将在主场数万观众面前，眼睁睁地看着对手走上象征光荣的领奖台。场外所有的人都已经沉默了，有观众开始悄悄离场。

就在这时，李儇站了出来，在球队最需要英雄的时候！下半场一开场，李儇一袭白衣白马，如风一般掠过草皮，他凭借个人能力，在十分钟里连进三球，上演帽子戏法，实现了不可思议的惊天大逆转！这纯粹是个人表演，东内苑大球场成了李儇一个人的舞台。这是属于李儇的夜晚，这是属于大唐的夜晚！

"太宗、玄宗、穆宗、敬宗在这一刻灵魂附体，李儇继承了大唐历史上所有皇室球员的优良传统，他不是一个人在战斗，他不是一个人！"现场解说员用这样声嘶力竭、歇斯底里的吼声，将这些年压抑着这个国家的苦难、屈辱和不甘从胸腔的最深处发泄出来。

吐蕃人都惊呆了，他们有生之年从没见过这样一位达到人球合一境界的伟大球员。他就是马球界的马拉多纳、迈克尔·乔丹和泰格·伍兹，他以一人之力书写着马球这项运动的历史。输给这样一位对手，等于输给了历史，所有经历了这场比赛的球员此生无憾。

随着鸣金声响起，比赛结束。大唐队的年轻球员们彼此相拥，流着激动的泪水亲吻奖杯。这是大唐历史上第一座马球世界杯冠军奖杯，也是最后一座。十六岁的翩翩少年李儇仍然是那样一袭白衣白马，淡然地面对观众们山崩海啸般的欢呼。此时此刻，他才是这个帝国真正的国王。

因为之前的他，什么也不是。

毋庸置疑，这是个最坏的年代，不能更坏了。

公元873年，十一岁的李儇由宦官集团拥立登基。他之所以能以懿宗第五子的身份当上皇帝，是因为他的四个哥哥在一个月黑风高的夜晚，被人神不知鬼不觉地干掉了。所有人都知道凶手是谁，但没有人敢说出真相。那些冤魂就像飘散在山谷中的黑雾般，在众目睽睽之下沉入历史的深渊。自穆宗以来，大唐王朝已经有八位皇帝是由宦官册立，这个被阉割的帝国越来越缺少男性应有的生气。加上藩镇割据、朋党之争，帝国步履维艰，已近日薄西山之势。文宗年代的甘露事变失败之后，门下、中书的官员几近屠戮殆尽，南衙北司对立的天平开始完全倒向宦官一方。太监们手握朝廷唯一能掌控的军事力量——禁军军权，把持人事任免与朝政事务，同时能够决定最高元首的人选，其权势遮天蔽日，世所罕见。十一岁的李儇又能做什么呢？他还是个孩子。他能坐在这个位子上，是以四个哥哥的鲜血为代价换来的结果，没有谁愿意变成第五个。死这件事很痛，李儇从幼年起，就明白了这个道理。苟活一天，就尽情享受一天，这是哥哥们永远无法奢求的时光，再没什么比活着更让人愉快的事了。

自登基起，李儇就将朝政交予左神策军中尉、宦官田令孜管理，奉其为"阿父"，自己安心过起比《劳动法》规定年龄提前了五十年的退休生活。作为一名年轻的退休干部，李儇并不满足于麻将骰子、混吃等死的规定动作，而是本着勤奋好学的态度，投身于马术、射箭、舞剑、围棋、斗鹅等多项体育领域，在音乐方面他也不含糊，具有高超的乐器演奏技术和一把好嗓子，比当年的摇滚青年高纬是差了点，但绝对保证不会弱于杨幂。尤为难能可贵的是，他的数学成绩居然也不赖，二十位数以内的四则运算都不用算盘帮忙，有诗为证：文艺青年会数学，流氓都挡不住。

但李儇最热爱的事情，还是打马球。尽管唐朝诸帝大多喜爱马球这项运动，但无疑李儇是最出色的一位。他对这项运动的热爱超过了搞女人和同性恋。这项运动的迷人之处在于它的危险性、刺激性和不确定性，你能控制好你自己，并不代表你也能控制好胯下的那个生物。它不会像宫女一样迎合你的任何需求，你只能用心去与它交流那些细微的感觉。哪怕是一颗球场上的小石子，也许就能让你的坐骑扭伤，也许就会让你在高速奔跑中送命。马球的球杆，其实就是马刀的变种；而球身，则是敌人头颅的替代品。这种肉体与思想之间对抗的刺激性超出了有史以来的任何一项运动。与马球相比，蹴鞠什么的简直就像幼儿园的儿童玩的益智游戏。马球就是模拟的战争，一名出色的马球手，必然是一名优秀的骑兵。

但李儇这辈子没机会当上骑兵了，他的身份很固定，就是一名退休干部，至死都是。

退休干部就退休干部吧，按说在太平年景，这样的生活也是平常人家梦寐以求的：每天吃饱了饭就做数学题，做累了就唱歌、下棋，下完了棋找三五知己打场球，出了一身臭汗就回家抱着女人洗澡，脑体结合全面发展，平平淡淡中不乏小激情，既不碍着谁，也不用操心什么。

但公元9世纪末，不是一个太平年景，绝对不是。无数乱流在这个没落的王朝内部激涌，没有人看得清这艘历经风雨的巨舰将驶向何方。它太过于庞大，太过于衰老，太过于斑驳，那些数不清的绳索羁绊让它的一举一动都显得盘根错节、错综复杂。有实力砍断绳索的人不是没有，但没谁能在短时间内找着连接这些绳索的结头。谁都知道这艘船必将沉没在一望无际的深渊之中，但谁都不会做第一个动手的人，没有哪方势力能一口吃得下这块可能是人类史上最强大的蛋糕，如果他们不想被噎着的话，尽管这个蛋糕是如此诱人。

李儇即位前四年，有一个敢于切蛋糕的人出现了。唐懿宗咸通初年，朝廷在徐泗淮水流域招募了一批戍卒，开赴邕州，八百人前往广西桂林讨伐南诏，约定三年期满后即调回。徐泗观察使崔彦曾却一再食言，至咸通九年七月这批戍卒在桂林防守六年，见还乡无望，于是在桂州哗变北还，劫夺粮库，拥粮料判官庞勋为主，从桂林到两湖经安徽到江淮，一直流窜到徐州，攻陷了彭城，途中俘掠崔彦曾，广大农民纷起响应，一时声势大震，江淮一带大乱，史称庞勋之变。尽管叛军大都属于乌合之众，但朝廷却拿庞勋毫无办法——能有什么办法呢，兵都在太监和地方节度使手里，大伙都拥兵自重看热闹，皇帝总不能带着六宫嫔妃去跟反贼们单干吧？

于是朝廷不得不调集沙陀骑兵来助拳。要说打马球，大唐人有自己的一套本领，但说起骑在马上砍人，这个年代还无人能出沙陀人之右。庞勋带着叛军几年下来，地盘越打越大，人马越打越多，二十万大军几乎打遍南中国无敌手，结果沙陀骑兵来了几千人，就把庞勋随手给灭了。但是，庞勋的起事却有着重要的历史意义。因为大唐的孱弱、流弊和对于地方割据势力的依赖，已经完全暴露在那些窥视者的眼中。在恰当的时间，恰当的地点，将会由恰当的人再次点燃这片沉寂的大地，让那些被侮辱者、被欺凌者的怨气摧毁这具看似庞大实则腐朽的躯壳。

但这一切与李儇无关。他是且只是一名数学很好的马球运动员。运动场上的伟大无法让他俘获广大群众的选票，这毕竟还不是一名体育明星振臂一呼就有无数拥趸的年代。当宦官田令孜为了朝政忙得焦头烂额时，李儇带着他的一帮小伙伴在球场上尽情地挥洒着自己的汗水。据史载，李儇能够一边以迅雷不及掩耳盗铃之势在马上飞驰不已，一边能够连续击打马球数百下不落地，人、马、球三合一，胯下有马，心中无马，手中无球，心中有球。看到这种天下无双的超强球技，无人不叹为观止。在李儇的带领下，大唐马球队多次力克来访的回鹘、波斯、吐蕃等传统强队，造就了"东内苑不败"的球坛神话。不谦虚地说，李儇的出现改变了马球这项运动，他让马球成为一种精神层面的象征。

当然，史上最年轻退休干部李儇也从来不知道"谦虚"俩字儿怎么写。他不止一次地跟身边最亲信的优伶石野猪——这个名字实在无法让人跟优伶这个职业联系起来——开玩笑说："朕若参加击球进士科考试，应该能中个状元吧？"从石野猪的名字，能看出这位不是很上路，他以耿直得近乎让人讨厌的语气回答道："若是遇到尧舜这样的贤君做礼部侍郎主考的话，恐怕陛下会被责难而落选呢！"听到这样的回答，李儇本该用手中的马球棒狠狠敲打石野猪的猪脑袋，但他只是尴尬地笑了笑，什么都没说，也什么都没做。在平时的生活中，李儇与球场上的那个热血少年判若两人。他没有脾气，一个因为四个哥哥的被杀而当上皇帝的人不配有脾气。他只能默默地忍受那些并不好笑的笑话，并且把它们当成真正的笑话。马球能让李儇找回自尊，但仍然不能让他赢得尊重。

公元874年，也就是李儇即位的第二年起，一场远比尊重更为严重的危机，开始在大唐的躯体内部慢慢浮现。庞勋之乱与之相比，简直就像一场正式比赛之前的垫场赛。濮州私盐贩王仙芝起事，是年正值关东、河朔大旱，赤地千里，民不聊生，可官府的税赋、徭役不减反增，没有活路的灾民聚集在王仙芝身边，将一道道仇恨的目光投向长安这座剥削者的城市。

王仙芝的起事也得到了许多盐贩界拥趸的积极响应——谁让朝廷反走私工作的力度空前，搞一家专卖垄断，裁判员、运动员一肩挑，盐价居高不下，还不让人私自交易，盐贩们都感觉没活路了。可大太监田令孜也是一肚子的委屈：藩镇军阀割据势力惹不起，地方上的财税收不上来，皇帝虽然不管朝政，可平日里爱干的都是些烧钱的事儿，广大的太监队伍就指着这笔盐税发年终奖，你这些私盐贩还要拼了命地逃税，难不成要让我们喝西北风去吗？

在追随王仙芝共同造反的私盐老板中，最积极的一个肯定是黄巢。王仙芝五月在河南举事，黄巢六月就跟着在山东一块儿干了。不过大唐王朝几千万人中，最有理由造反的一个无疑也是黄巢。其一，黄巢出身盐贩世家，祖祖辈辈干的都是贩私盐这份很有前途的工作，可近些年来，朝廷打击私盐交易简直到了一种变态的严厉程度，据说有个小孩在路边捡了一粒盐带回家，就被官府抓去打了个半死。一方面是盐价虚高，另一方面是盐业垄断，私盐贩的就业前景越来越不容乐观。其二，黄巢年轻时多次参加国家公务员——进士考试，绝对可谓是一名有着上进心和为人民服务之心的优秀盐贩。按说山东省的教育水平在全国算是排名前列，黄巢的个人天资也绝对值得信赖，但造化弄人，他屡试不第，从山东到长安来回的旅费花了一大堆，可就是考不上。本来学习成绩差点儿也没关系，反正家里有钱，到时继承祖产，向李儇学习当个光荣的富二代就行了。但黄巢不是李儇，他绝对不满足于还没上班就开始退休的舒适生活，他的心中有着对公务员岗位的强烈向往，在最后一次离开长安的时候，他给自己写了一首诗：

待到秋来九月八，我花开后百花杀。
冲天香阵透长安，满城尽带黄金甲。

当然，黄巢本人也没想到过，这首还算押韵的《咏菊》日后的知名程度将远远超过唐诗三百首中的绝大部分作品。就这样，一个未曾实现的公务员梦即将毁掉李唐王朝。

李儇不知道这些，当王仙芝和黄巢们闹腾的时候，他正以马球协会主席的身份筹备举办"大唐杯"首届全国马球联赛。如果各地方藩镇都能派出一支代表队参赛，这是多么美妙的一幅景象，大家只打马球不打仗，只做爱不作战，只上床不上班，中央、地方携手共奔美好的未来……

这个未来永远没有来，因为黄巢的老大王仙芝不是个讲义气的古惑仔，还没造几天反，就成日联系招安事宜，准备把编制从造反编转为行政编，享受参照公务员管理待遇。按说这个事儿对于李儇来说自然是求之不得，目前从大局来看，朝廷拿王仙芝这样的反动派根本毫无办法，王、黄起事以来，各地节度使大都持谨慎的观望态度，到了自己的地盘上就发狠打一下，走远了就谁都不管，私盐贩子们简直找到了当年走南闯北卖掺假盐时的快乐感觉，像梦一样自由。杀上将董汉勋、刑部侍郎刘承雍、擒宰相王铎堂弟、汝州刺史王镣，克汝、唐、邓、郢、复等州郡，朝廷的军队在王仙芝面前简直就像肉靶子一样，东都洛阳的大小官员都带着自己的财产、妻妾逃之夭夭。偏偏这个时候，王仙芝主动向朝廷展示了自己非常想加入公务员队伍的美好愿望，马球运动员李儇当然毫无怨言地支持他的这一想法，当即签署了一份有可能是自己任职以来签署过的唯一一份委任状：

兹有濮州王仙芝，男，无正式编制。现破格委任为左神策军押牙兼监察御史，定级正八品，钦此。

话说回来，平心而论这官位给得是小了点儿。以王仙芝目前统领三十万雄师、打遍河朔几无敌手的江湖地位，当一个正八品的芝麻监察御史，毋庸置疑实在太low了，最起码得有个正四品的刺史当当，才勉强能在三十万部下面前抬得起头来。怪只怪李儇对官位大小实在无感，他只对马球和胸部这两样事物的大小感兴趣。但令人意外的是，王仙芝竟然对朝廷的这一委任欣然同意，愿择日正式解散叛军，走马赴职！

黄巢怒了。这是真怒了。见过没出息的，没见过这么没出息的。当年如果自己能努把力考上个进士，混到现在也不止当个八品正科级干部。

尽管公务员岗位是个铁饭碗，旱涝保收、退休无忧还有免费医疗，但你把自己的身价行情主动降到这个份上，还让后面的兄弟们怎么投降？这样一来，要咱们再去招安，最多也就安排一个从八品的副主任科员岗位，每天负责打扫办公室和走廊卫生，连开会坐前三排喝矿泉水的资格都没有。这哪是诚心招安，这分明是在寒碜人！

黄巢立刻把王仙芝找来开革命干部大会，在会上，黄巢保持了土豪本色——他以一个诗人的身份，狠狠地把追随多年的偶像兼领导王仙芝给揍了一顿，并怒斥了王仙芝的右倾投降主义思想。在黄巢的带领下，两千名革命骨干离开了王仙芝的队伍，开始单干。这次会议也成为晚唐命运的最终转折点。王仙芝、黄巢最终断绝了自己的公务员之路，他们接下来只有两个选择：要么反，要么死。

李儇也即将为自己对干部任免工作的生疏付出巨大的代价。

接下来，王仙芝南下继续造反，黄巢北上，二人分道扬镳。作为一个革命者，王仙芝的意志实在谈不上坚定，每天在造反之余仍然想的就是怎么招安，几年来多次派部下暗中找当局谈判，试图在正八品的基础上，加上那么一品两品的。可这时的朝廷态度发生了一百八十度的转变，别说八品官，连不入流的办事员岗位都不愿给他，积极动员地方势力盯着王仙芝打，并把他派来的亲信，当狗一样当众斩首。这个消息使王仙芝十分愤怒，他立即渡过汉水进攻荆南，以实际行动证明自己能够胜任从七品以上的岗位。

人一冲动，就容易犯错误。王仙芝的错误，犯得稍微有点大。

王仙芝首先碰到的是山南东道节度使李福，在荆门遇到了南下以来的第一次惨败；他突围而去，又在申州被招讨副使曾元裕击败，0：2；接着，在黄梅再次被曾元裕包围，经过九十分钟的激战，王仙芝收获到了人生第一个0:3，也是最后一个——义军五万余人英勇牺牲，在突围中王仙芝不幸战死。

李儇以牺牲数万官兵的代价，省下了一个正八品岗位。

但此时忙于在马球场上庆祝胜利的李儇并不知道，大唐帝国的噩梦，还只刚刚开始。王仙芝的死亡，真正奏响了唐王朝的葬礼进行曲。

不怕神一般的对手，就怕猪一般的队友。摆脱了王仙芝的黄巢，这小仗打得更加得心应手、游刃有余，在山东、河南、河北、安徽一带简直如入无人之境，望风披靡，加之老战友尚让率领王仙芝的余部前来投奔，黄巢的军队如虎添翼，多次兵临东都洛阳，威胁长安。同时，黄巢也拥有了一个霸气侧漏的称号——冲天大将军，并初步建立了属于自己的军政权机构。

李儇再也没法安心打马球、做数学题了，每天战报如雪花片般飞到他的案头，这回阿父田令孜也没法帮他——自己手里的神策军得留着保护太监们的私有财产呢，总不能全拿出去跟黄巢打仗送死啊！可李儇又有什么办法？数学好不代表武功好，你用微积分、线性代数也弄不死黄巢啊。

想来想去，还是只有老办法：招安。不过这回得吸取上次王仙芝的惨痛教训，要真出点血了，别指望花点小本钱就能成功收购黄巢股份有限公司，人家现在早已今非昔比。

李儇为黄巢开出的价码是：右卫将军，正三品。

假如王仙芝泉下有知，肯定会原地满血复活后再次吐血而死。同样是一起战斗过的造反派，人与人之间的差距怎么比人与猩猩之间的差距还大？

再假如，黄巢当年金榜题名，顺利地考上进士，最多也就能当一个八品官。作为一个连马球和马粪都分不太清的盐贩子，能在五品、六品的闲职岗位上顺利退休，就已经算是祖坟上冒青烟了。要当三品官，比骆驼穿过针孔的难度还大。

右卫将军与尚书左右仆射、中书令、门下侍中、六部尚书同等品级，而前三者都是宰相团队成员。考虑到一品、二品大部分都是荣誉称号，实职正三品几乎已经是人臣的最高境界了。

这是黄巢一辈子距离高级公务员岗位最接近的时刻。只要他点一点头，唐王朝就能迎来久违的和平，李儇就能继续组织他的马球超级联赛，田令孜就能继续带着太监们捞钱，各地的节度使就能继续在土皇帝的岗位上与总皇帝李儇和平共处地维持下去。一个准君主立宪制的联邦王国将初步显现雏形。

但出乎所有人意料的是，黄巢竟然没答应李儇的招安请求，主动放弃了曾经梦寐以求的高官岗位！

得知这一消息，李儇脸上的表情就像被吐蕃马球队打进了一记世界波般沮丧。但他也没办法了，正三品的右卫将军已经是他的能力范围内所可以给出的最优待遇，总不能把黄巢请来替代田令孜的位子当阿父吧。

当然，黄巢放弃招安的原因是很多的，首先他不信任曾经干掉过王仙芝的朝廷当局，其次他不信任藩镇割据势力，再次，也是最关键的一点，他信任自己。自信源于实力，这年头，什么品级的虚位都比不上手里实打实的马刀，比打马球他不是李儇的对手，但比打仗他坚信能把李儇爆出屎。既然这样，为什么还要投降呢？不如换换，我来当皇帝，你来当右卫……太监。

接下来的三年对于李儇和大唐来说，是噩梦般的三年。黄巢挥师南下，避开实力较强的北方藩镇，专门打击帝国最薄弱的环节——江西、浙江、湖南、福建、广西、广东这些税赋重、民怨深、兵力少的边缘地区。

叛军像开挂刷怪一般攻无不克，战无不胜，一点一点蚕食着大唐的根基。李儇还能做什么呢？安安心心地打好马球比赛吧。

东内苑马球场上最后的辉煌并不能挽救大唐帝国的颓势。黄巢对长安的觊觎已经融入了他的生命，"满城尽带黄金甲"的梦想激励着他不择手段地追求胜利。长安，长安。一辈子待在长安未曾离开的李儇，永远也无法理解曹州人黄巢对于长安的那种近乎变态的仰慕之情。这个庞大的帝国不需理解小人物的思想与追求，从出生起就与世隔绝的李儇能够与平民共同分享的事物只剩下马球。统治者无论打飞多少次马球，他仍然是统治者；私盐贩无论参加多少次科举考试，他仍是私盐贩。阶层的固化让普通人感到绝望，而这股绝望汇聚成的洪流，最终让帝国感觉到了无可挽回的疼痛。但它已经无能为力，这是如汉、唐这般庞大的帝国最终的宿命，没有人能挽回。

公元880年，黄巢北渡长江，杀回中原腹地，一路望风披靡，长驱直入颍、宋、徐、兖等诸州，唐军弗能抵挡。这时宰相豆卢瑑再次提出招安方案，这次的价码是请授黄巢为天平节度使，镇守曹、郓、濮、齐、棣五州，位及一方诸侯，官拜正二品之衔！此时的朝廷已被黄巢逼到了不得不裂土封侯的绝境，这种姿态跟下跪求饶也基本上没太大区别了。当然，如果这一方案正式提出，黄巢没准会答应。毕竟这是实打实的地盘，在当今这种藩镇割据、势力交错的复杂环境下，当一个土皇帝可能比当个管不了正事儿的真皇帝更舒坦。但另一宰相卢携坚决反对提议，认为只要守住泗州，黄巢又得退回江淮一带，根本不足为虑。李儇与田令孜对于泗州、江淮什么的缺乏地理概念，不过对于曹、郓、濮、齐、棣五州领地倒有一定的肉疼概念，于是正二品天平节度使什么的草案也永远地成为了草案。

当不上节度使的黄巢更加下狠手痛打唐军，先是轻松打下卢携以为坚不可摧的泗州，渡过淮河一线；然后接连攻下申、颍、宋、徐、兖、汝等州，再次兵临东都洛阳。此时的黄巢手握六十万大军，"冲天大将军"的名号已经无法满足他的需求，于是黄巢为自己再次挑选了另一个更加高端大气上档次的名号："率土大将军"。可没过多久，他又嫌"率土大将军"仍然不够体现自己的文化层次，接着又把名号换成"天补平均大将军"。

李儇和中书省的秘书们被黄巢来来回回的更名给折腾坏了，往往是文件刚发出去没多久，又得重新更换称呼、重新盖章、重新发文，光纸张浪费都不计其数。但折腾归折腾，一个事实是李儇不得不面对的：要赶紧寻好后路了，长安指日不保。东都眼瞅着是肯定守不住了，洛阳和长安之间隔着一个潼关天险，依着田令孜的意思，是要亲自带领神策军的弓弩手去守潼关，御敌于国门之外。但神策军士大都是长安的富二代，只是为了领一份高工资才贿赂宦官挂名军籍的，平日当当仪仗队还差不多，真经历战阵的话跟电线杆子没两样。所以一听说要出征，许多神策军士吓得和爸爸一块儿抱头痛哭，有的为了逃避战事，还花钱雇商贩与贫民代行。尽管李儇平时不管事儿，心里也知道这样的军队在平日只会捞钱不会干活的阿父带领下，能守住潼关的概率约等于黄巢良心发现后主动缴械投降的概率。

长安守不住的话，往哪儿逃呢？没办法，还是得追寻祖爷爷唐玄宗李隆基的脚步，到四川大后方去避难。在此之前，必须提前做好准备，先在四川安插一些信得过的人，搞好后勤服务工作。再次直接面对重要干部任命问题的李儇又没主意了：任命谁去好呢？要说李儇这数学脑袋也不是白长的，他迅速想到了一个不错的办法，来决定三川节度使岗位人选。

这个办法，史称"击球赌三川"。

李儇把四位初选出来的后备干部陈敬瑄、杨师立、牛勖、罗元杲带到马球场上，挨个轮番一对一单挑，"以先得球而击过球门者为胜，先胜者得第一筹"。作为遴选领导干部的考试形式，这马球比赛可来不得半点虚假，绝对杜绝了"萝卜岗位"和作弊现象，真正意义上实现了公平、公正、公开，谁也没法"拼爹"或"拼干爹"，大家都只能凭自己的真本事来争"帽子"，赢球的输球的都没话可说。

经过紧张激烈的捉对厮杀，田令孜的胞弟陈敬瑄艰难地赢下了比赛，获得了最为重要的西川节度使岗位，取代了在这一地区本来颇有政绩的崔安潜；亚军杨师立成为东川节度使，季军牛勖成为山南西道节度使。除了垫底的罗元杲之外，大家都很嗨皮。

这可能是人类有史以来最特殊的一场体育赛事，尽管从最后的结果来看不过是走了走形式，但对后世却有着深远的影响。自此，神策军系牢固控制住了三川地区，也为朝廷日后的大逃亡提供了一个安全的庇护之所，并为日后对叛军的反扑提供了一个牢固的根据地。

该来的终于来了。

12月的长安，漫天飞雪。这可能是自天宝之乱以来，长安人经历过的最冷的一个冬天。黄巢大军在刺骨的寒风中攻破潼关，打进华州，神策、博野乱兵涌入都城，长安朝夕待破。

12月5日，百官退朝后均各自逃匿。李儇也必须走了。他什么也没带，只带上了去年夺冠时的那支马球棒。如果连它都不带的话，逃亡对于李儇而言将没有任何意义。一个丢弃了都城的皇帝无论如何也不是个好皇帝，他知道史书将会以怎样不齿的文字记载今天的耻辱。但李儇的内心是干净的，他甚至从未干过一件于国于民不利的坏事。在这个艰难困苦的年代，李儇手中的马球棒无力对抗历史的洪流，他的生活和希望永远相违背。

李儇在田令孜和五百名神策军的护卫下，生平第一次走出了长安城。外面的世界一片苍茫，环顾四野满目疮痍，他第一次如此近距离地审视自己的王国，看到的却只有流离失所的百姓们苦难的泪水。竞技体育永远都不会是生活的全部。人们最需要的不是一个马球比赛冠军，而是起码的一顿饱饭和安定的生活。但李儇给不了这些，他只是一个未及弱冠的少年。他本应就像同龄的孩子一样，谈一次恋爱，打几场马球，读几本闲书。他不想当皇帝，更不想当亡国之君。是该死的命运，让他不得不面对这一切。

12月12日，黄巢进入太清宫。翌日，于含元殿即皇帝位，国号"大齐"。当上皇帝的黄巢做的第一件事儿就是杀人。史载，黄巢军"杀唐宗室在长安者无遗"，"甲第朱门无一半"，"天街踏尽公卿骨"。老李家这回可是遭了大殃，连带藏匿在城中的各路高官，没来得及跑走的几乎被杀了个遍。一时间长安城内血流成河、尸骸遍地，千年古都遭受了前所未有的浩劫。

与此同时，李儇正在难于上青天的蜀地山间餐风露宿、艰难前行。经过千辛万苦，他终于到达了马球冠军节度使陈敬瑄的地盘——成都府，吃上了夫妻肺片和水煮鱼。尽管一开始对口味麻辣的川菜很不适应，但没过多久，李儇还是爱上了这座城市，爱上了鸳鸯火锅，爱上了花椒。在这里，李儇度过了他一生之中最难忘的四年时光。成都没有东内苑这样设施完善的大型马球场，一年到头阴雨绵绵的天气也不适合户外运动，但那又如何呢？只要手里还有马球棒，胯下还有心爱的坐骑，任何地方都是马球场，任何天气都是晴天。一个马球运动员没法对历史负责，他能做到的只有认真打好每一场球。

在李儇偏安于成都之时，天下大势风起云涌，各路诸侯四起，开始为日后瓜分大唐这块蛋糕而提前布局。长安方面，大齐政权虽极力想打开局面，却受到藩镇割据力量的强势打击，屡受重挫。尤其是在公元882年，镇守同州重镇的黄巢军将领朱温变节降唐，让黄巢失去了左膀右臂。李儇闻讯感到非常高兴，立刻赐朱温名"朱全忠"。此时，谁也不知道，这个"弃暗投明"的朱全忠，将会成为一个比黄巢更加可怕的人物，大唐社稷真正的终结者。

公元883年，又是最给力的沙陀骑兵，在英俊倜傥的独眼龙李克用的率领下，对黄巢军发起了致命的攻击。李克用在沙苑击败了黄巢的弟弟黄揆，接着又在渭桥一线与其他镇兵协同作战，连续击败黄巢军。4月，沙陀骑兵进攻长安，这一次轮到黄巢弃城而逃。死心眼的沙陀人一路追击，走到哪儿打到哪儿。逼得黄巢没办法，只好往自己的老家山东方向逃窜，毕竟那里老乡多、人头熟，实在不行，割据一块地盘当个土皇帝也行。于是一路跑着跑着，就跑到了河南陈州。

陈州刺史赵犨早有预料，提前做好了招兵买马、储备粮草、构筑工事等一系列加强战备的工作。总之一句话，要想从此过，留下买路钱。黄巢也是见过世面的人，这些年攻下的城池比贩过的盐还多，对陈州这样的小城市根本不屑一顾，二话没说，那就开打。依着他的估计，应该最多三天，就能结束战斗。

结果，黄巢在陈州城前整整待了三百天，一直待到李克用、朱温等冤家对头全都到齐了，也没能前进一步。

据《旧唐书》《新唐书》《资治通鉴》等史料记载，黄巢围困陈州期间，由于粮草殆尽，他采用机械化方式，设立了数百巨碓，称之为"捣磨寨"，作为供应军粮的人肉作坊。这些巨碓同时开工，流水作业，日夜不辍，将活生生的大批乡民，无论男女，不分老幼，悉数纳入巨舂，顷刻磨成肉糜。陈州四周的老百姓吃光了，他又扩大原料供应来源，"纵兵四掠，自河南、许、汝、唐、邓、孟、郑、汴、曹、徐、兖等数十州，咸被其毒"。保守估计，黄巢军这近一年时间大约吃掉了三十万人。

如果你是李儇，你愿意相信这是发生在自己统治的王国里的真实事件吗?

历史永远没有如果。

幸好沙陀骑兵没让黄巢继续肆虐下去，公元884年2月，李克用会同许、汴、徐、兖等州军马驰援陈州，一举击溃黄巢残部，用实际行动捍卫了他们对阵黄巢始终保持不败的辉煌战绩。同年6月，黄巢死于叛徒外甥林言之手，其头颅不日被送往成都，供李儇当成马球击打。历时多年的唐末民乱至此宣告正式结束。

但大唐的噩梦，才刚刚开始。

此时的大唐，已经基本上难以称为一个国家了。地方藩镇武装在打击黄巢的过程中，均借机扩大自己的势力范围，尤其是朱温、李克用等几位大军阀，更是各擅兵赋，迭相吞噬，朝廷根本拿他们没办法。当局能真正控制的地盘，仅有甘肃、陕西、四川、广西的寥寥几十个州。

公元885年，李儇从成都启程，3月返回长安城。此时的他刚满二十三岁，但看上去已经像是个四十三岁的中年人。时间在他的身上，刻下了比常人更重的痕迹。也许，就这样在长安终老一生，年幼时的那些梦想就让它随风远去，收起那支曾经攻破过吐蕃、回鹘、波斯等队球门的马球棒，把接下来的时光交给平静，也不失为一个好的结局吧。

但平静，在这样一个乱世永远只是一种奢侈。

刚回长安不久，阿父田令孜好了伤疤忘了痛，又开始惦记上盐税这件事关年终福利的大事。他盯上了河中节度使王重荣地盘上的池盐之利，率领神策军，联合邠宁节度使朱玫和凤翔节度使李昌符去抢盐。王重荣也不是省油的灯，立刻向镇守太原的李克用求援。李克用拍马赶到，结果毫无悬念，曾经把庞勋、黄巢等猛人干趴下的当朝最强军事力量——沙陀骑兵，随随便便就把田令孜、朱玫和李昌符打得满地找牙。田令孜没办法，带着李儇再次逃到凤翔。此时离公元886年的春节还有整整一个月，也就是说，李儇在长安才待了九个月又被神策军拖着跑路。

在凤翔，李儇的屁股还没坐热，田令孜怕他被盟友朱玫抢去"挟天子以令诸侯"，又带着他继续跑到汉中。朱玫的阴谋被识破后恼羞成怒，一气之下把襄王李煴抓到长安立为傀儡皇帝，改元"建贞"。李儇则被"尊为"太上皇，平白无故当上了李煴的便宜老爸。

当上了爸爸的李儇并不乐意，而自古以来第一个当上爷爷的太监田令孜更加不开心，他俩又联合了昔日的敌人王重荣和李克用，一起反攻朱玫，干掉了稀里糊涂当上皇帝的李煴。折腾来折腾去的几轮洗牌之后，以李克用为首的大军阀们兵力越打越多，地盘越打越大，而神策军则越打越少，大太监田令孜为了抢盐事业，成功地把自己从天下最有权势的人折腾成了一名光杆司令。

不管怎么说，家还是得回呀。公元887年3月，李儇从汉中启程返京。谁知又碰上了节度使李昌符这个不要脸的，他强行把李儇扣在了凤翔，说什么也不让他离开自己的地盘。

田令孜的神策军垮了，但李昌符忘了，李儇手里还有天威军。一辈子萎靡不振的李儇此时终于如在球场上一般雄起了一回，公元887年6月，天威军大败李昌符，把他打得出逃陇州。这可能是近三十年来，禁军对阵藩镇军取得的唯一一次像样的胜利。有着光荣外战史的天威军一扫之前兄弟部队神策军的颓势，打出了朝廷嫡系部队应有的威风。

此时的李儇刚满二十五岁，他似乎还有时间。庞勋、王仙芝、黄巢、朱玫、田令孜、李昌符……他面前的敌人已越来越少，放下马球棒的他未必不会成为一位伟大的中兴之帝。

但他来不及了。

公元888年2月，李儇又回到了长安。没有什么比回家更让人感到温暖的了。长安如母亲一般，将李儇拥入怀中。在这风雨飘摇的几年中，只有回家这个坚定的信念支撑着李儇的脚步。但多年的颠沛流离摧毁了大唐最为优秀的马球手曾经强健无比的身体。他像个风烛残年的老人一般，颤颤抖抖地摸着那支布满灰尘的马球棒。他是如此渴望再次回到多年前那个令人热血沸腾的时刻，如同一个男人一样战斗在沙土飞扬的赛场上，聆听千万人尽情的呐喊声。生命中最后的张力和热情已永远地停留在那一瞬间，白衣飘飘，马鸣如嘶……

3月，二十六岁的李儇因病死在长安。他回来了，而且永远不再离开。

柒

后唐庄宗李存勖：爱表演，不爱扮演，其实，我是一个演员

公元908年，正月。冰封太原，天寒地冻。

一个近三十年来天下间最强的人，正如条死狗一般倒在病榻之上，一边喝着汤药，一边咳着鲜血。他的头皮烂得就像洪水过后沤在地里的西瓜，不停地流出糨糊般的脓水。他那唯一一只能看见东西的眼睛，也愈发黯然失色，就像在夜风中行将熄灭的烛火。

许多人围坐在他的身边，但没有人说话，没有人哭，甚至没有人觉得这是一件应该伤悲的事情。他活不了多久了，他必须抓紧时间。一个人死去，其他人还要艰难地活下去。任何的儿女情长在此时都将会造成无可挽回的损失。

一个年轻人坐在他的床前。他们双手相握，一种无以言传的东西在二人之间流动，如一脉相承的血液一般。父子之间从未像今天一样距离如此之近，这些年来他们都忙于各自的事情，没有什么时间停下来聆听对方的声音。等到二人彼此相对之时，已是生离死别。自此之后，天下间再也找不到如此相像的两个人。

但至少今天，他们依旧双手紧握。

他的名字叫作李克用，床前的年轻人是他的长子——李存勖。

在场的人都不知道，这对父子今夜的对话，将左右今后天下近百年的大势。

"我这里有三支箭，你要用它们插在三个仇敌的心口。

"刘仁恭。此人反复无常，我曾一力将他保举为节度使，救他性命，他却恩将仇报，与我为敌。欲霸中原，必先取幽州，诛叛徒。

"耶律阿保机。此人曾与我在云州歃血为盟，结拜兄弟，共谋光复唐室，如今却背信弃义依附贼党，此人不除，必成肘腋之患。

"朱温。此乃国贼世仇，十五年前在汴州险丧命于此贼之手。我们沙陀人要想在此乱世立足，朱温必须死，无须多言。"

李存勖没有说话。这个自幼热爱戏剧艺术的年轻人正扮演着人生当中的第一个角色：儿子。在这场戏当中，儿子不需要更多的台词，他只需要聆听、谨记。这么多年来，李存勖的这个角色扮演得很好，他以优异的表现衬托了主角——父亲的风采，沙陀骑兵在这一对父子的带领下几乎所向披靡。但是，活到最后的人往往并不是最能打的人。英雄永远无法战胜阴谋。那些狡猾的人们在桌子底下交换着各种见不得人的利益，他们用软刀子杀死勇士。只懂战争、不懂政治的人不配在此乱世生存，这本应是李克用以生命的代价向接班人传授的真理。

但可惜的是，他只留下了三支箭。

李克用终于像一堆烂泥一样，死在病床上，但这已经无可挽回了。沙陀人目前的状况看起来容不得他们过多伤心，他们的身边几乎没有朋友，三支箭代表的三个敌人随时都会对他们发起致命一击。太原在众人面前，就像一块等待分割的鹿肉。二十三岁的李存勖不可能比李克用更强大，他不过只是一个喜欢和伶人们一起唱歌、演戏的孩子，朱温们已经准备好打下太原后开香槟庆祝。因为战争，始终是个老年人说话、年轻人流血的游戏。

在太原内部，沙陀李氏也非铁板一块。李克用死后，其弟李克宁执掌军政大权，随时都有取李存勖而代之的危险。在外围，朱温的梁军包围潞州，直逼河东屏障。内忧外患，太原的情况不能比现在更糟。

没有人看好李存勖的未来，也没有人看好沙陀族的未来。这个民族将会像东突厥、吐谷浑、薛延陀、龟兹一样，在历史长河中湮灭。没有人会记住他们曾有的丰功伟绩，只有可耻的失败烙印在他们的身上挥之不去。

就在这个多事之秋，二十四岁的李存勖正式踏上了壮丽非凡的生命之旅。他开始扮演人生的第二个角色：复仇者。

但是复仇之前，李存勖必须保证太原内部的稳定。尽管李克宁在李克用去世后适时地向晋王表达了他的忠诚，但口头的忠诚在这个年代是廉价的。同样的言语，朱温向黄巢说过，也向唐廷说过，但他最终的选择都是背叛。李存勖不能冒着后庭失火的风险，在王座未稳的情况下向三大强敌宣战。李克宁的身边，聚集着太多觊觎王座的义子、妻妾和家臣。没人敢用时间赌人心，因为人心叵测。

因此，无论李克宁究竟有没有反意，为了那三支箭，他必须得死去。但李克宁毕竟是李存勖的亲叔叔，父亲的亲弟弟。沙陀人已经死去了一位勇士，现在就要李存勖杀掉第二个，他又如何下得了手？

就在这个敏感的当口，李克宁犯下了一个错误。他杀掉了曾得罪过自己的都虞侯李存质。李存质是李克用的十五义子之一，在未向晋王报告的情况下，擅自杀掉李存质，意味着李克宁有提前布局太原外围之嫌。紧接着，李克宁又犯下第二个错误：他向李存勖提出，要求兼领大同军节度使。

李克宁的这两个错误暴露了自己的野心，也暴露了自己缺乏决断的勇气。同时，把宝贵的时间送给了对手。

步步紧逼，形势不容许李存勖过多犹豫。自从父亲死后，李存勖的人生就像那三支离弦之箭一样再也回不到箭袋。他必须在那一团混沌的烟雾中不停地向前飞去，一旦停下，就意味着坠落。他没时间审视内心，没时间预判未来，他所能做的就是完成那些必须要做完的事情。复仇者的人生经不起等待，每个人都终将死去，但该死的生活还在继续。

公元908年2月，乍暖还寒。李存勖在晋王府中宴请诸将。宴会厅中间烧起了红红的火盆，太原的冬天在这里似乎已经提前结束了。没有人知道下一个寒冬到来的时间，就像没有人知道自己何时死亡。至少此刻沙陀人还能坐在一起喝酒，一边聊聊往事，一边用小刀割下鲜嫩的羊肉。羊肉烤得很好，酒也不错。这样的时刻容易让人想起那些曾经的好年景。

李克宁的身上感到阵阵暖意，他并不认为侄子会对付自己，至少不会是现在。因为太原此时经不起自相残杀，也经不起任何可能动摇将士决心的事件。尽管他做了一些意在威胁晋王座尊严的事情，但他相信叔侄终将和解。想到这里，李克宁端起了酒杯深饮了一大口。酒很烈，这是沙陀人自己的酒。也许明天就能把朱温的脑袋送给李存勖当礼物，也许明天就会被契丹人干掉，明天就像一封没拆开的信，没有人知道里面写了什么。李克宁从没害怕过死亡。他从小就知道，自己终有一天将死在战场上，妇女和老人会把他的事迹编成歌谣，孩子们会以与他同族为荣。他的儿子们将秉承父辈的荣耀，继续战斗在这片大地之上。

李存勖似乎心情不错。他的酒杯一直没有空过，他的双手也一直没有闲着，身边几位侍女的身上早就被撕得未着片缕，一个个羞得如初春时节的花蕾。李克宁一边喝着酒，一边观察着李存勖：他醉了，这样喝下去，不用多久就会醉得像条死狗，他不过是个孩子，这些年来，我干掉过几千个像他这样的孩子。

火盆烧得更旺了。有些喝高了的将领醉得不省人事，趴在地上呕吐。有些将领走来向李存勖和李克宁告退，大厅内的宾客越来越少。但音乐没有停，因为众所周知，李存勖热爱音乐，太原城内有他的地方就有音乐，反之也一样。李克宁听得出，那是李隆基为杨玉环写下的《霓裳羽衣曲》，旋律婍旎柔和，如仙子翔云飞鹤。几位艺伎身着薄如蝉翼的羽衣，伴着乐声翩翩起舞，正在喝酒、嘶喊的人们不约而同地放下酒杯，欣赏舞者的表演。

突然，啪的一声响起，李克宁眉间一蹙，下意识地摸向腰间割肉用的短刀，同时转头望向声音传来的方向。原来是李存勖不小心把酒杯弄掉在地上，旁边一位赤裸的少女笑着帮他捡起了酒杯，重新替他斟满了一杯酒。李存勖也笑着在少女丰满的胸前摸了一把，并让少女嘴对嘴地将这杯酒喂入口中。什么都没发生，一切正常如初。将领们也都开怀大笑，继续畅饮美酒。

李克宁松开了握着短刀的手。

就在此时，羯鼓声开始响起，鼓声清亮悲怆，与之前的《霓裳羽衣曲》大不相同。《兰陵王入阵曲》的乐声带着浓烈的沙场气息，在舞者阴郁果决的眼神里复活了那位神话时代的人物。李克宁心中泛起了一种不祥的预感，因为他知道，兰陵王高长恭正是死在侄子高纬的手里，此时这首乐曲响起，又意味着什么呢？

胸前突然冒出的一支短箭给了李克宁最终的答案。紧接着是第二支。鲜血流过了衣襟，李克宁并没有感觉到太多的疼痛，只有一种无以言传的无力感，在全身上下蔓延开来。他最终没能如愿地死在战场上，而是被谋杀在宴会中。

《兰陵王入阵曲》的乐声还在继续，年轻的舞者仿佛被高长恭灵魂附体，在血红色的帷幕前狂舞不休。李存勖的身边早已没有了侍女，他一个人坐在那里，冷冷地看着叔叔的身体最后一次无助地痉挛。

李克宁临死前，对李存勖报以善意而诡异的微笑。李克宁似乎理解了李存勖，并原谅了他。因为沙陀人需要一位真正的王者，例如：一位能够下手杀掉自己亲叔叔的王者。

没有人知道李存勖此时内心深处的感受。他只是在扮演好今天的角色，仅此而已。

一个月内沙陀李家死去了两位勇士，但生活还在继续。在上党、在神山、在柏乡，敌人似乎无处不在。太原在群狼的窥视中，显得摇摇欲坠。就在这个当口，李存勖做出了一个令人意想不到的决定：他以先王之丧、叔父之难为由，将驻军乱柳关的名将周德威召回太原！

对于这一决定，沙陀将领普遍感到难以理解，大多人的心中产生了"竖子不足与谋"的感慨。毕竟此时朱温的梁军已经包围潞州多时，召回周德威意味着乱柳关门户大开，梁军随时有攻破潞州、直取河东的可能。杀李克宁已经让许多人失望，撤回周德威则让大家绝望。而坐镇汴州的朱温这下兴奋极了，心想李克用、李克宁这两兄弟死后，沙陀人就像他们民族的名字一样，即将变成一团散沙，在一个傻瓜的带领下，幸福地走向灭亡。

这天深夜，没有风，没有月亮。太原晋王宗庙中，一个黑影长跪在一排灵位前，朱邪尽忠、朱邪执宜、朱邪赤心、李克用、李克宁……沙陀朱邪家族的列祖列宗在黑暗中注视着这个年轻人。他从灵牌前取下一个黑色的锦囊，三支利箭的箭头从锦囊里破茧而出，在空旷的庙堂中迸发出阴冷的光芒。他抚摸着箭头，任凭它割破自己的手指，让鲜血顺着箭身缓缓流下。有些事情需要思想来解决，而更多的事情需要血来解决。

这时，另外两道黑影走进宗庙。年轻人看着他们，慢慢地问道："都准备好了吗？"两个黑影没有说话，各自点了点头。言语如风，他们懂得这个年轻人，至少此时他们是这样认为的。有种悲壮的东西在三个人的心中涌动，只有那些死去的人们才会明白活下去的意义。也许明天太阳出来，沙陀人就会被灭族，但今晚的宗庙中，活着的人与亡魂同在。

是夜，三千沙陀骑兵在晋王李存勖和大将李嗣源、周德威的率领下，身披孝衣，从太原出发，星夜兼程，直奔潞州。六日后，抵城外三重岗隐蔽集结。李存勖当众将士之面，在岗上洒下三杯酒，眼中含泪，说道："我五岁随父征战，破孟方立于邢州，凯旋途中，就在此地置酒宴。二十年后，我又回到此地。明日我们杀光梁人，再来这里设宴喝酒！"

听罢李存勖的这番话，所有将士都热血沸腾。说哭就哭，说讲就讲，这是一个演员必须具备的自我修养。如果当年高纬具备李存勖这样的演讲才能，北齐说不定还能继续坚持个十年八年。

李存勖的演技，也得到了大家以实际行动表示的充分肯定。第七日，天降大雾，三千铁骑兵行雾中，分由李嗣源、周德威带领，从东北角、西北角双向夹击，如神兵天降般打了梁军一个措手不及。梁军丢下一万多具尸首仓皇而逃，潞州之围迎刃而解。

夕阳下，鸦声如嘶，血流成河。梁军的兵器、粮草堆积如山，所有沙陀人紧紧相拥。这些年他们打了许多胜仗，但只有这场战斗最扬眉吐气。因为，他们看到了有一位新的晋王会带领他们继续走向胜利，直到将这个庞大的国家全部纳入沙陀的铁骑之下。

而在汴州方面，五十六岁的朱温听到消息后，又是另一番心情。他默默地看了看身边站着的七个儿子，说了一句话："生儿子还是要生像李存勖这样的。我的几个儿子跟猪也没什么太大区别！"

朱温不知道，这句话竟埋下了日后让他丧命的祸根。那些隐藏在儿子们心底的仇恨，在恰当的时机，恰当的地点，会迸发出让人意想不到的力量。

"别人家的孩子"李存勖同学则在属于自己的道路上疾驰。公元909年，同州刘知俊叛梁，李存勖遣周德威攻晋州，败梁军于蒙阮；公元911年，梁遣王景仁攻镇州王镕，李存勖助王镕，败梁军于柏乡，斩首两万级，获其将校三百人，马三千匹；随后，遣周德威打下夏津、高唐、博州，破东武、朝城，击黎阳、临河、淇门，掠新乡、共城，又在高邑打败了朱全忠亲自统帅的五十万大军，基本上把后梁的地盘当成自己家的后花园了。

这时"三支箭"之一的幽州刘仁恭已经被他儿子刘守光所废，现在幽州的老大刘守光一看形势不对，后梁眼看就撑不住了。尽管坐拥三十万精甲，但皮之不存，毛将焉附，于是刘守光一拍脑门，立马决定：举兵跟着李存勖干，让老朋友朱温见鬼去吧！

但是，李存勖不是李克用，箭袋里的那三支利箭时时刻刻在提醒他：敌人永远都是敌人，哪怕再摇尾乞怜，敌人依然是敌人。但此时他正在全力对付朱温，表面上，他还得暂时稳住刘守光，于是李存勖与王镕、王处直一起，尊刘守光为"尚父"。

这不是认贼作父，这只是角色需要扮演的一部分。

为防止刘守光以助晋为名集结部队趁机偷袭后方，李存勖回师太原，留给朱温喘息之机。刘守光一看李存勖不打后梁了，又立马变卦，自己在幽州称帝，定国号为大燕。同时，为了庆祝建国，刘守光兴致勃勃地派出军队攻打定州义武军。看来刘守光同样热爱演戏，也爱编剧。但他不知道，在这场大戏中，李存勖才是唯一的主角，他不会允许任何人抢走戏份。

公元912年，李存勖再遣模范将领周德威，与镇州王镕、定州王处直一起杀向幽州。

刘氏父子的好日子开始倒计时了。

继承了父亲刘仁恭反复无常优良传统的刘守光又开始向朱温方面求援。尽管自己已经被打得体无完肤，够意思的朱温还是以六十岁高龄亲率部队攻打镇州，但李存勖早就安排了与周德威齐名的名将李存审等在那儿。出于对晋军的恐慌，数万梁军几乎没怎么交战就开始往回逃命。刘守光最后的希望就这样如泡沫般破灭了。而朱温因惊吓过度，逃回汴州就得了重病，昔日横扫天下、覆灭大唐的一代枭雄，每日只能靠汤药维持生命。李存勖的箭袋中第一支箭的箭头，已经开始慢慢变暗。

周德威这边，三镇联军轻而易举地打下后燕的祁沟关、涿州，直逼刘守光的幽州大营。刘守光一看，老朱家都干不过沙陀人，更别提自己手头上这点兵力，不如赶紧投降，说不定还能保留一个节度使待遇。于是，如同在上演百变大咖秀一般的刘守光又向晋军方面委婉地表达了希望投降的意向。公元913年11月，李存勖亲至幽州，单人匹马来到城下，对着城楼上的刘守光隔空喊道："尚父，别来无恙否？"

刘守光急忙喊道："晋王威武，吃过饭了吗？"

只见李存勖在城下啪的一声折断一支箭，告诉刘守光："只要出降，我必保你不死！不信请视此箭！"

刘守光听见折箭声，只感觉脖子一阵发麻，仿佛李存勖折的不是箭，而是自己的脑袋。这是五代初年天下间两大戏霸之间面对面的飙戏。在各自的舞台上，他们都曾经是让人捉摸不定的演技派。此时刘守光看着李存勖的眼神，他有种错觉：李存勖看上去竟是真诚的，真诚得就像当年酒席间杀死亲生叔父时一样。

刘守光如赌徒般握了握手中的筹码：幽州城池坚固，三镇联军包围了一年多也没能啃下半分；李存勖的身后，还有契丹、后梁随时会对他发起致命一击。也许投降不是唯一的选择，再坚守半年、三个月、一个月，哪怕多一天，李存勖也许就得带着河东军乖乖地撤退。到那时，我还是皇帝，他还是晋王。

但此时与李存勖面对面，刘守光点了点头，说道："晋王，给我三天时间，我回家收拾收拾行李，这就打开城门投降！"

李存勖笑了："行，三天何妨？不够的话给你一个礼拜！"

和平似乎就这样在两个演员之间默契地达成了。

是夜，幽州城外野风如诉、秋坟鬼哭。这样的夜晚会让人不由自主地想起家乡的爹娘、妻儿。再过三天，幽州人就会打开城门，迎接三镇联军的到来，沙陀人就能回家。他们已经很久没有回到过自己的家了。

但一阵低沉的号角声摇动了忽明忽暗的篝火。主将有令：沙场夜点兵，突袭幽州大营！

在这样一个年代，没有人会把城下之盟当真。为了利益，什么背信弃义的行为都不是底线。朱温如此，刘守光如此，李存勖亦如此。

不明白这个道理的李克用，已经死在了太原冰冷的冬天。

原以为李存勖中了自己的缓兵之计，却没想到自己才是中了对手的惑敌之计，认栽了的刘守光带着妻儿逃离了幽州，留下了被他软禁的父亲刘仁恭。当然，没过多久，刘守光和三个儿子就被一个农户给抓回了幽州。过早称帝败光了刘守光的人品，他的脑袋价格由一个节度使的标准迅速提升到皇帝的标准，这就好比脖子上绑着几万两白银在跑路，谁看到都忍不住动心，被人逮住也只是时间问题。

李存勖为了羞辱刘仁恭、刘守光父子，让他俩戴着枷锁从幽州一路游行示众到太原。老刘家最后一次演出的角色着实不够光彩。当然，比起游街示众，更不光彩的是死亡。死亡永远就是一件让生命丧失荣誉的事。李存勖斩刘守光于太原，但他没立即杀掉刘仁恭。复仇是这样一件令人兴奋的事情，每一份隐秘的乐趣都能带来无穷的回味。李存勖对于享乐的理解胜过同时代的所有人物。相比之下，朱温当年在黄河边连夜干掉唐朝遗臣的举动不过只是低端的泄愤，杀掉这些人不能给朱温带来任何感官上的享受。

李存勖将刘仁恭又从太原带到了雁门关。这些年来，刘仁恭被儿子关押、被敌人追杀，生活质量位居五代初年全国人民之最末。当死亡即将来临之际，双眼已经麻木的他看着持刀的刽子手，冷冷地说道："我的血会流过雁门关，随太行山脉，渗入河朔故土，灌溉万里河山，历经百世不涸。请你告诉李存勖，我会在下面等着他。来的时候，不要带箭，也不要戴面具，我自会备好薄酒，与克用兄同醉！"

呼的一声，阴森的太原晋王宗庙中，第一支金箭被熊熊烈火烧成了灰烬。但仇恨永远不会随着死亡而消失。李存勖看着火焰渐渐熄灭，就像看着父亲曾经握着他的双手慢慢离开人世。这是他的生活，这是他的命。如果有可能，李存勖宁愿选择放弃王位，醉心于歌舞戏曲，在舞台上尽情释放自己的天赋。但他既回不了头，也没得选择。

第二支箭，后梁朱氏。

五代初年的枭雄们在命运方面总有相似之处。刘仁恭被儿子先废后关，朱温也好不到哪儿去，公元912年，还在老朋友刘仁恭被砍的前一年，朱温就被儿子朱友珪一刀捅了个透心凉。不过说来朱温的这一刀挨得一点也不冤，因为他不仅用"别人家的孩子"李存勖同学的英勇表现把自己家的儿子全贬成猪，而且还经常趁儿子们外出打仗之际义不容辞地承担起抚慰儿媳妇的责任。作为朱温和亳州营妓所生的孽子，朱友珪全面继承了父亲的狠毒和母亲的心机。他为防止朱温将皇位传给养子朱友文，提前发动宫廷兵变，动手干掉了朱温，做成了一件这些年来朱温的其他儿子想做却都不敢做的事儿。

　　但朱友珪也没闹腾多久，公元913年，就在刘仁恭父子用脑袋为晋王宗庙献祭的同一年，朱温的嫡子朱友贞打起了"除凶逆，复大仇"的旗号，发动洛阳禁军兵变，废掉了朱友珪。被废的朱友珪随即毫无悬念地被自杀了。与后梁这一系列残忍的乱伦、弑父、弑兄相比，李存勖当年干掉叔父的举动简直就像是开慈善晚会。

　　这就是五代。大道理永远是留给死人去讲的。

　　朱温死了，但第二支箭还没有折断。父债子偿，这是刘守光用血的代价告诉后梁朱家的真相。朱友贞了解李存勖这个人，正如他了解近年来发生在这片大地上的一些往事。

　　但此时的后梁已经无力翻盘。残酷的历史就像一辆永不停止的列车，将一切阻挡它前进的事物无情地碾碎。这是属于李存勖的时刻，是属于沙陀人的时刻，没有谁能够逆转这位不世出的天才夺取胜利的脚步。看啊，那剩下的两支金箭还在受诅咒的黑暗中，低声泣诉。

　　公元917年，李存勖又折断了第二支金箭。耶律阿保机趁晋梁对峙之际，亲率三十万精兵突袭幽州，挫败了这些年来几乎战无不胜的周德威。但后晋另一劳模名将李嗣源用实际行动捍卫了沙陀骑兵在战场上的荣誉，他率领着人数仅为对手四分之一的兵力，一举打爆了契丹大军，把耶律阿保机赶回北境，将契丹人入主燕云十六州的时间足足推迟了二十一年。

第二支箭，马马虎虎也算折断了。

经过多年来此起彼伏的拉锯战，后梁老朱家再也无力改写历史。周德威、李存审、李嗣源……这些如噩梦般的名字，在属于他们的史册上一页页地书写"败之"二字。公元923年，李存勖、李嗣源的两路大军逼近后梁都城。朱友贞的臣子纷纷逃离，连传国玉玺也被部下盗走。朱友贞束手无策，为了不在死前还要受到刘氏父子般的羞辱，他与都指挥使皇甫麟共同自尽而亡。

十五年后的这个冬天，太原再次飘起了白雪。

一将功成万骨枯，没有人会记得那些再也回不了家的沙陀儿女，没有人听见那些在幽州、在河东、在汴州的哭泣声，没有人会去祭奠那些林立的新坟。此时的太原，正在与复仇者一起共享那份亘古未有的荣耀。李存勖亲手将第三支金箭折断，它们再也不会出现在自己的睡梦中。那些锋利的箭头，再也不会狠狠地扎入自己的内心深处。李存勖的生命从未如此刻般完整。他人生中的第二个角色，已经完美地谢幕。

故事结束了吗？

不，故事才刚刚开始。

三十八岁的李存勖即将扮演的第三个角色，叫作：自己。

李存勖在战场上的表现让人误以为他应该是个出色的战略家，可事实上，他自己从没热爱过打仗。如同当年的萧宝卷、高纬一样，李存勖的骨子里其实也是个文艺青年，他热爱戏剧艺术胜过自己的生命。但在生命中的前三十八年，他都不得不将这份热爱隐藏在心底。但现在三大强敌均已搞定，自己也如愿以偿地当上了皇帝，还等什么呢？可劲儿地演戏吧，把曾经失去的时光，在舞台上找回来！

于是，五代少了一位顶尖的军事家，多了一位三线艺人。

李存勖用一种让人难以想象的方式在生命中画出了一道华丽的分割线。继承晋王之位以来的十五年，他过着一位称霸之帝应有的正常生活，每天玩玩阴谋，杀杀叔父，打打小仗。可当上后唐皇帝之后，他开始每天跟伶人厮混，脱下皇袍穿上戏服，一出一出地排演大戏，玩水袖、练小嗓，脸上的白粉涂得跟刷墙似的，不卸妆的话连他妈都认不出来。作为一个资深票友，李存勖捧角的态度也是非常诚恳的，他把周匝、陈俊、儋德源等一系列优秀的戏剧艺术家都扶上了刺史之位，尤其是后唐国家剧团的团长景进，还一举担任了御史大夫、上柱国等高位，在级别上俨然能与周德威、李嗣源等开国名将分庭抗礼。

在这个年头，仗打得好远不如戏演得好。在李存勖看来，伶人们的功劳不在那些将领之下，因为他们给自己带来了快乐。父亲李克用打了一辈子仗，从不知什么叫作快乐，一直到死。李存勖不是一台战争机器，当上了皇帝的他依旧保存着对快乐的饥渴。他最钟爱的俳优之戏其实就是喜剧，能够将表演的快乐带给自己和别人的一门艺术。在这一点上，他与萧宝卷有点相似。

李存勖的心底一直觉得：作为一名影歌战三栖资深艺人，自己在这三个方面的造诣演戏第一，唱歌第二，打仗第三。可惜的是，他对自己的这个排名定位是错误的。在专业造诣方面，当年萧宝卷的杂技功底无疑是达到了水准之上的，一手啄木幢技震古烁今；高纬也没白混，一首原创作品《无愁曲》也可谓传世巨作。但李存勖演戏这么多年，连一部像样的代表作品都没有，人们只知道他一直在演戏，却不知他究竟演过什么。这位超级票友一直处于人红戏不红的尴尬境地，在一群绝世名伶的包围中，孤独地扮演着自己。

人生如戏。其实，自己才是最难扮演的角色。

正如许多三线艺人一样，李存勖也拥有属于自己的艺名：李天下。这个名字与小香玉、小蘑菇、盖叫天比起来当然还是显得霸气侧漏，但内里还是透着一股很山寨的土气。但沙陀人戎马得天下，对于艺名这种抠字眼的事，自然不甚在行。"李天下"虽然粗鄙，至少在字数上符合一个艺名应有的标准，并且方便易记，假以时日未必不能在戏剧界一炮而红。让人没想到的是，"李天下"这个名字最终的确红了，某种意义上看，比李存勖的本名还要红。一切只因为那著名的一巴掌。

那天，后唐新都洛阳的天气很好。这样适合饮酒、弹琴和演戏的日子，在一年当中并不多见。在皇宫的庭堂中，李存勖与众伶人对戏，兴致正高。只见他一身俳伶的紫衣戏服，也不知是在演《雷雨》，还是《哈姆雷特》，但据后续的表现来看，他的表演过于外在，缺乏一个顶级演员应有的内敛气质。因为大家演得好好的，李存勖突然不按词儿说，冷不丁地大叫道："李天下，李天下在哪里？"这句台词估计是模仿《罗密欧与朱丽叶》中的"罗密欧啊，罗密欧，为什么你是罗密欧呢？"这时，一位真正的顶级艺人出场了。只见伶人敬新磨听完李存勖的对白，二话没说，立刻向前，啪的一声，给了李存勖一嘴巴。

正在陶醉于自己精彩的即兴演出的李存勖顿时变了脸色：就算是当年的朱温、耶律阿保机，也不敢在我演戏的时候抽我嘴巴！这都哪儿找来的伶人，还真敢抽啊？左右都害怕——没法不怕，李存勖虽然是个演员，但谁也不会忘记，他还是个十五年内连灭三大仇敌、杀人从不眨眼的狠角色！庭堂内突然出现了一阵死一般的沉寂。没人敢说话，没人敢动弹。所有人的脸上都写着"害怕"二字，就连伶人之首的景进也不例外。但景进毕竟是经过大场面的国家一级演员，他当即抓起敬新磨，用纯正的话剧腔责问说："你怎么能，怎么能抽打皇上的脸颊？"

这时，敬新磨体现了一位影帝级演员的优秀素质，他不慌不忙地回答道："李天下，只有一个人，你叫了两声，第二个又是谁呢？"

于是大家纷纷释然一笑，缓和了尴尬的局面。挨了巴掌的李存勖也随之"大喜"，重赏了敬新磨。只有景进受够了这帮瞎改剧本的同仁，发誓今后再借三个胆也不跟敬新磨同台演对手戏了。

这是李存勖唯一一次流传于世的表演经历。李天下的故事没有带给这个王国更多的快乐，但十年的和平在这样一个动荡不安的年代仍属不易。伶人们隔绝了李存勖与宫廷外的世界，也隔绝了他当年接过三支金箭时的果决与勇气。最关键的是，伶人的得势堵住了沙陀底层武将的上升通道。以前沙陀人提拔后备干部主要看砍人，现在却要看你跟娱乐圈的关系。同时，由于朝廷要职大多被伶人门生垄断，读书人也相应地失去了进身之路。李存勖正在慢慢地失去人们的支持，因为只有那个战无不胜的李存勖才配坐后唐国主的位子，李天下不配。

一股暗流正在后唐的朝堂内外涌动。给一个恰当的时间、恰当的理由、恰当的机会，它就会爆发出毁灭这个年代的可怕力量。但李存勖似乎已经走上了一条与所有人为敌的不归路。公元926年，李存勖听信宦官、伶人谗言，杀害了几乎以一人之力西平前蜀的名将郭崇韬，灭其族；同年，杀睦王李存义及河中让国军节度使李继麟，灭其族；杀李继麟之将史武、薛敬容、周唐殷、杨师太、王景、来仁、白奉国，皆灭其族……李存勖放过了那个扇他巴掌的敬新磨，却杀掉了那些曾经为他的江山流过热血的沙陀勇士。

至此，李存勖进入了扮演人生第四个角色的阶段，这也是他的最后一个角色：

失败者。

因为他最后面对的敌人，是李嗣源，这二十年来最强大的两个沙陀人之一。另一个是李存勖，而不是李天下。

李嗣源在女婿石敬瑭的怂恿下，自魏州而反，直取汴梁，扼住中原咽喉。李存勖此时坐不住了，带上大军御驾亲征，打算迎头痛击李嗣源部。但当皇帝的这十年来，李存勖勤于演戏，疏于带兵，新一代的沙陀骑兵根本不信任这位只会演戏的皇帝。几万大军还没出城多远，就跑得只剩不到一万人。这点兵力在李嗣源面前，还不够他塞牙缝的。李存勖没办法，只好又把这一万士兵带回洛阳。

李存勖前脚刚回到洛阳，李嗣源的先锋石敬瑭部后脚就已经跟到了汜水关。无论从地图上看，还是从历史上看，此关一破，洛阳就像是个掉在地上的软柿子，再也挡不住李嗣源、石敬瑭们弯下腰来捏。李存勖毕竟是个打过江山的主，深知这个道理，于是他集结所能调动的所有精锐部队，兵发城东汜水关，打算依托险要地势，毕其功于一役。

单从纸面实力来看，李存勖此时与李嗣源之间相差还不算太大，加上一个古称"虎牢"的汜水关，李存勖的局面并不像人们看起来那么岌岌可危。但是，决定胜负的从来都不是什么纸面实力，也不是什么关隘，而是人，活生生的人。

李存勖的手下，有一个伶人，名字叫作郭从谦。他从来不如景进那样声名显赫，也不如敬新磨那么胆大包天，他只是一个普普通通的伶人，有人称呼他为"跑龙套的"，也有人在"跑龙套的"四个字前面加上一个"死"字，他不在乎。郭从谦真正发迹并不是因为演戏，而是因为打仗。在当年与后梁的德胜之战中，李存勖招募死士出阵，郭从谦应募而出，杀敌制胜而归，后屡立军功，一举被擢升到马直指挥使之位，执掌禁军兵权。最重要的是，郭从谦自从军以来，一直视名将郭崇韬为叔父，拜睦王李存乂为养父。

郭崇韬和李存乂，都被李存勖给灭了族。

出来混，不管做过什么，迟早都是要还的。

这天与以往的每一天都没什么不同。李存勖早早地起床，要了一杯麦子酒，一小碟风干羊肉，两只胡饼，一碗胡辣汤。早餐很简单，除了演戏之外，李存勖的生活向来就是这么简单。他习惯于在战马上吃掉每一片食物，他习惯于用酒浆代替清水。四十三岁的他不可能再如十七岁时那么年轻，但这些习惯，二十五年来都没有变过。正如当年的李克用和李克宁兄弟。

沙陀人永远学不会变成真正的唐人，哪怕他们将国号原封不动地定为"唐"。

但今天，李存勖没有能将这顿早餐全部吃完，因为郭从谦率禁军在洛阳城中发动兵变，火烧兴教门，并趁火势杀入皇宫。

李存勖放下麦子酒，看着那片血红色的天空。在烟雾中他看到了李克宁，看到了刘仁恭、刘守光，看到了朱温、朱友贞，看到了郭崇韬、李存乂、李继麟……他摸了摸腰间的长剑，但没有将它拔出剑鞘。到头这一身，难逃那一日。戏词儿里早就唱得很明白，任谁也无力回天。

李存勖，不，李天下站起身来，人生之中最后一次唱出一阕《兰陵王入阵曲》，看啊，父亲正如二十五年前一样，在天空中伸出双手，迎接儿子的到来……

一支利箭穿过了这位演员的心脏。

李存勖倒在血泊之中，麦子酒洒了一地。他身边的侍卫都无法相信眼前发生的这一切：李存勖竟然死于伶人之手。

其他还活着的伶人向倒在地上的李存勖行了礼，各自匆匆逃去。只有一位叫作善友的伶人，哭着把李存勖的尸体放在乐器中，燃起一把大火，把乐器堆里的李存勖尸体烧成灰烬。

若干年后，有人说：那天，李存勖的骨灰在风中舞成一片流云，在火焰里尽情盘旋。这才是他最后的演出，一场没有观众的精彩演出。

捌

南唐后主李煜：一代词帝的囚徒生涯

"那就叫我莲峰居士吧，"我伸手紧了紧脸颊，"名字，我早已忘记了，像是一百多年前的往事。"

来客没有坐在我的家仆为他端来的藤木椅子上，而是继续毕恭毕敬地站在我的面前。江南子弟，并非向来如此拘礼，但北方人的血与火，磨灭了我们内心的狷介。青衫长褂之下，多少桀骜的灵魂在卑微中苟存。四年时光缓慢地流逝，他也如我般老去。皱纹如藤蔓般爬上了他的眼角，两鬓的白发像是在诉说那些不经意间的往事。在这样一个昏暗的天气，这样一座陌生的城市，我们俩却不能像四年前般相对而坐，共品一杯南方的佳茗。破碎的山河也罢，离去的人儿也罢，在火中燃烧的词句也罢，有的时候不必去挂怀命运的流转，因为黑夜总会如期而至，我们终将在下一个黎明到来之前醉去，然后死亡，无声无息。

来客看着我，没有说话。我几乎已经忘记了自己的名字，但依然没有忘记他的。我们之间有过一些事情，发生在遥远的故国，遥远的年代。他叫作徐铉，广陵人，词不如我，字写得不错。听说最近他在为赵光义编书，又听说他在家中制香。谁知道呢，汴梁城内，没有一位青楼女子会对我说真话。其他人，我见得也不多。这四年来，这间大宅子就是我的王国，也是我的坟墓。

看来他好像有话要对我说。这些年来，说话对于我是一种奢侈。我的朋友几乎已经死绝，我的女人经常在别人的床上承欢。亡国之君活下去的唯一理由就是衬托当朝皇帝的仁慈。但徐铉算得上是一个老朋友。今天也许是个合适的日子。总有些往事可以聊，如果时间允许的话。

我已经习惯于站在窗前，看着那日渐老去的月亮，写一些不太合谱的词句。没有人会喜欢这些词，就像没有人会喜欢一个被囚禁的国主。我不知道自己还能不能和徐铉相对而坐，随便说点什么。四年了，这座房子如鬼宅般沉寂。赵光义会让徐铉来这儿，绝不是看看老朋友这么简单。但我必须和他聊一聊，必须，在死之前。过去了的往事，应该有其归宿。

沉默片刻，徐铉终于开了口："陛下……"

再也没有比这更不适合的开场白了。家仆自觉地走出房间，并把门带上。这两个字任谁每多听一遍，都增加一分性命之危。

"请原谅我这四年来，几次走过您家门前，都不敢进来探望一下您。我素来不是一个勇敢之人，您是知道的。"

"不，我不知道。我所知道的，是你曾在大厦将倾之际，孤身北上去见赵匡胤，试图说服他放南唐李家一条生路。你是个真正的江南士子，不像我。"

徐铉顿了顿，问道："陛下，你有没有试着被人用剑顶着脖子？"

"没有。但我觉得自己试过更糟的。"

"不，这世界上恐怕没什么比被人用剑顶着脖子更糟的了，相信我。当日我到了汴梁，沐浴、更衣、燃香，然后去见太祖，"徐铉缓缓说道，"我看见了太祖腰间有把剑，剑鞘很漂亮，好像还镶着一排宝石。北方人的宝石，我认不出来。大人物的宝剑，都是装饰品，至少在南方是这样子的，我想。"

"我对太祖说，后主只是因病不能来汴梁，绝非胆敢抗旨不从，希望能缓兵以全一邦之命。很显然，这些都是外交辞令，连我自己也不信。"徐铉嘴角微微翘了一下，像是在笑，又有点不像。我也陪着他苦笑了一下。

"这个时候，大殿突然变得有点冷。按说，汴梁的冬天不该这么冷。陛下，我以前到过很多地方，算是见过真山真水，历经过刺骨严寒，但那天的冷，直钻心底。太祖的左右臣下都没说话，殿外仿佛传来一声声凄惨的猫叫，哇呀哇呀，也许是我的幻觉，皇宫里哪来的猫？太祖就这样看着我，我的双脚开始莫名地发麻，只想找个地方坐下去，或者，就这样往门外逃去。虽然我知道，这个地方没有人能逃出，永远没有。

"我没看见他的剑是如何出鞘的，这不会是一幅很有趣的画面，我发誓。事情过去了四年，但无论我怎么回想，也记不起那把剑的样子，在那一瞬间，我仿佛睡着了。是喉间的疼痛让我重新恢复了意识。我感觉鲜血一滴一滴地从喉咙里流出，流过我的衣襟，流过我的身体，流淌在大地之上。只要再刺入一寸，也许半寸，我就会死在那里。接着，疼痛蔓延到全身，我就像一只被人捏在手指间的瓢虫，除了忍受死前的痛苦，没有别的什么可以做。他会像杀掉其他人那样杀了我，这一点我几乎深信不疑。

"如果死在四年前，也不能算一件过于不幸的事。陛下，这些年我过得很苦很苦。南唐没了，什么都没了。我要替北方人抄书、编书，以此换取一家老小的苟活。但我抄了这么多年书，所有的文字都在我的脑海中流过，我抄得越多，忘记得越多。唯一记忆深刻的只有当日太祖说的话，我一辈子也不会忘记：'一姓天下，卧榻之侧，岂容他人酣睡。'没错啊，他说的没错啊。那些从喉管深处流出的鲜血可以为证，南唐在那一天已经死了。之后我们所做的一切，都不过是徒劳。我恨自己没有勇气死在他的剑下，那不过是一把普通的长剑而已，无论它的剑鞘多么华丽。运气好的话，我能将鲜血溅到他的黄袍之上。但无论我做什么，都挽回不了南唐的死去。我救不了你呀，陛下。四年前如此，四年后依然如此，我只会抄书、编书……"

徐铉的眼泪如四年前的鲜血般流淌而出。

我站起身，拍了拍他的肩膀，他的身体正在微微地颤抖。我走到窗台前，取过一壶屠苏酒。酒已被老仆温过，壶身尚有烟火之气。酒是好酒，但不是我们南方的酒。那时候，我们常在金陵的宫中饮着桑落酒、蔷薇露、竹叶青、茱萸酒，仿佛一年四季的好光景都在酒中融化，花月如春风。

我在二十五岁之前从没想过当皇帝这件事。但如今我已年逾不惑。我们老去的不是时候。父亲喜欢写词，喜欢酒，喜欢看书，我亦如此。也许，在此陋室中与青衣名士对饮，胜似在脂粉堆里笙箫吹断。人生中所有的一切不过逢场作戏，悲亦可，欢亦可，只等这迷梦初醒，一切化为烟云。我也是到了四十岁之后，才日渐明白这个道理。徐铉不同于我，他依旧执着于往事，执着于故国。可我们终究是回不去的。

我递一杯屠苏酒给徐铉，酒精能让他心里好受一些。他终于停止了哭泣，缓缓地坐下。我和他对饮了三杯。酒这种东西，通常不是为沉默之人准备的。但就在这一刻，我们彼此无言。夜已深，汴梁的夜晚寂静无声，月凉如水。在金陵，秦淮河畔很难找到这样宁静的时刻。南唐的那些年轻子弟绝不会空度每一个适合欢愉的夜晚。我们会在一起写词、弹琵琶、饮酒作乐，还有许多漂亮的女人在身边。我从不缺女人，自十三岁起便如此。我已老得记不清自己的第一个女人是谁了。如今的我像枯木般了无生气。徐铉问我："陛下，这些年你过得怎样？"

这不是一个很好的问题，我想。整个国家的人都知道这个问题的答案。但此时徐铉也找不到更适合的问题来打破沉默的气氛，四年之间第一次旧臣的探访绝不能以沉默收场，他来这里不是为了喝几杯屠苏酒的。我没有选择回答他，而是反问道："你还记得韩熙载吗？"

"韩熙载，我自然记得。青州人，他的字很好，文章也不错。"

"在江南，人们把他和你并称为韩徐……好吧，我想说的不是这个。你知不知道，我曾派顾闳中到韩熙载家中偷偷地画过一幅画？"

徐铉道："知是知道，可那幅画，我从未见过。据说是一幅形神兼备、天下无双的传世之作？"

我微笑道："青州人在南方做官，韩熙载这个人算是很带劲的一个。他家中的女人，比赵宋和南唐两个皇宫的加起来的还要多。早五百年生在东晋的话，也许他能成为比肩嵇康、阮籍之类的人物。我暗中派顾闳中赴韩熙载的家宴，你知道顾闳中回来跟我说了什么吗？"

"说韩熙载的女人，还是说他的酒？"

"都不是。顾闳中说，那天晚上，韩熙载把自己的美妾分给在场的每一位宾客，然后逐一亲手比较每位宾客下体的大小。我和娥皇听罢，当即笑得把酒都洒了一地！"

徐铉陪着我一起，干笑了几声。这些往事其实并不久远，我能记起那时发生的所有细节。我依稀还能看见顾闳中在我面前挥毫作画，他画得可真好，笔下的人物都如活过来似的，在音乐声中尽情欢笑，忘却世间所有烦恼，正如长江以北更无战事，正如流水落花清月无眠。那时娥皇就坐在我身边，和我一起看着那幅画，听窗外的雨点一滴一滴打在芭蕉叶上。那是我一生中最好的年华。如果可以，我愿停留在那一时刻终老一生。

所有人都知道我不是一个合格的皇帝，包括我自己。我喜欢填词，喜欢饮酒，喜欢书画，喜欢音乐，喜欢女人，但不喜欢政务、吏治和战争。我曾庆幸自己是第六子，不用去想这些令人头疼的事情。可惜命运从来都不是一件随心所欲的事情，种种阴差阳错之间，我不得不背负起这个家族、这个国家最后的希望和尊严。这些从来都不是我想要的。正如酒宴中一边强颜欢笑、一边摸着宾客下体的韩熙载，其实他也并不想要这样的生活。我从顾闳中的画中能看出他的内心。这就是那个年代的南唐朝廷，人人都在相互敷衍，然后以自己最厌恶的方式生活。

徐铉叹道："那一定不是我认识的老韩。但除了纵情于酒色，他又能如何呢？绝世才华可敌不过赵家的一条军棒。世事有时就是这么简单。"

我喝了一杯酒。酒壶渐空，老仆不知睡了没有，虽说房中还有陈年屠苏酒，但冷酒伤身，尤其是在长江以北。但长夜无酒，何以留客，何以抒怀。我不想唤来老仆，一个亡国之君有时应该懂得尽量不要对人呼来唤去，哪怕是下人。这些年我习惯于逆来顺受，老仆又何尝不是如此。好在有故人相伴，冷酒亦佳。我又取来一壶陈酒，今夕何夕，共此烛光，值此时节，谁会去想明天能否醒来。

徐铉道："酒是好酒。可惜老韩再无福分享用。这些年陛下可曾见过其他南唐旧友？"

我看着徐铉，他的脸上已有三分醉色，正如当年我们在一起对酒当歌、共赋新词时一般。但我已四年没有见过他，四年足以改变一个人的心性。我缓缓地答道："没有，从没有人来过我这里。你是第一个。"

徐铉犹豫了一阵，又问道："那陛下平日里，怎么度过如此闲暇的时光？"

的确闲暇。我来到汴梁后，被赵匡胤封为违命侯、左千牛卫将军。赵匡胤死了，他弟弟即位，又封我为陇西公。违命侯是个并不好笑的笑话，陇西公又何尝不是。我一辈子没到过陇西。长江以北，留给我能去的，只有方寸之地。我是自古以来爵位最高的囚犯，但依然是囚犯。我笑着答道："我的生活一点也不闲暇，比当皇帝时还忙。早晨，我在房中走上一圈，活动活动筋骨；用过早饭，我会沏上一壶好茶，写上一阕词；中午小憩后，老仆陪我来到距此不远的一座荒楼，登楼远看三千里地山河，看梧桐落叶，看新月如钩。

"到了晚上，我也会找到附近的勾栏瓦肆，寻几位看得过眼的烟花女子，小酌两杯薄酒，听上几曲艳词，然后挑一位共度良宵。赵官家给了我足够的钱，有钱就有女人。她们不会爱上一位亡国之君，也不会爱上一位落魄的词人，但她们一定会爱上钱。"

这些都不是徐铉想知道的答案，我知道。但两个江南来的有趣男子坐在一起，聊聊诗词，聊聊女人，总比两位亡国之奴坐在一起聊未来更强。任谁如我般活到这个年纪，经历这些事情，都会懂得徐铉的来意。但长夜漫漫，至少在这个晚上，我们有的是时间。徐铉也不想太早回家吧，汴梁的夜路并不好走，这座城市到处是魑魅魍魉。

"陛下好兴致。想来最近又添了不少绝妙好词。"

"都是一些上不了台面的东西。闲时填来，给青楼中的歌女们唱上几句，聊度时光而已。"

"陛下过谦了。这个天下，论舞枪弄棒，是赵家的；论弄墨填词，却是您的。"

我看了徐铉一眼，从他脸上看不出什么，一个曾经被剑指着脖子的人早已不太容易把内心写在脸上。这样的聊天方式不应该发生在一个亡国之君与旧臣之间，任何年代都不行，尤其是当下。现在坐在那个位子上的不是赵匡胤，而是一个更加阴狠果决的人物。他们两兄弟都是我生命中的阴影，我的余生都不得不在这个阴影中苟延残喘。我们可以谈旧友，谈风月，谈诗词，但不能涉及天下。天下大势已定。我们都必须明白谁能决定我们的命运。文字不过是枪棒的遮羞布，任何时候都是。

我不言语。取来纸笔，书下一阕《浪淘沙令》：

帘外雨潺潺，春意阑珊。罗衾不耐五更寒。梦里不知身是客，一晌贪欢。

独自莫凭栏，无限江山。别时容易见时难。流水落花春去也，天上人间。

徐铉看罢，两行浊泪流过脸颊。他的心里在想什么？我不知道。但这样的心境，我们别无二致。曾经我们也拥有过江南的春色。那时娥皇还在，我还记得她身着薄罗淡衫、长发迎风飘舞，就像一朵含苞待放的海棠花。我不禁脱口问道："徐铉，这些年你回去过吗？有没有替我去看看娥皇？"

"我回去过……金陵还是原来的样子，一切都没有变，可一切又像是都变了。我接回了老妻，还有几个不成器的孩子，他们幸而都还活着。如果那天您没有肉袒出降，破城之日必是屠城之时。金陵人毕竟都活下来了，虽然我们输掉了战争。"

在二十万人面前赤身露体，屈膝下跪。如果祖先泉下有知，看到了这一幕，他们一定不会让我死后归于老李家的灵位。我知道日后史册将会如何书写这一幕，我知道金陵人日后将怎样唾骂我，我理应战死在那一天。

但金陵毕竟是守不住的。梁武帝萧衍、陈后主陈叔宝……自古以来，失去长江天险庇护的金陵从来抵抗不了敌人的入侵。我的屈辱换来的和平从来没有人提起过，他们不愿提起。他们愿意看到一个平日里只会填词作画的皇帝，像个孤独的战士一样死在紫金山的风雨之中。那样南唐的历史会更加美丽，更加动人心魄。

但事实上，鲜血一点也不美丽，特别是当它流淌成河的时候。正如五个月后的江州。

我说道："你还没有回答我的问题。"

徐铉顿了顿，说道："是的，我去过了城北祖堂山上的懿陵。陵碑完好如初，您亲撰的诔辞，还在石碑之上，历历在目，就像看着当年您的泪水流过石碑，流在那片泥土里。陵墓四周长了一些杂草，我知道皇后素来喜欢干净、整洁，于是带了几个下人，将草除去，又种上了几株素兰。懿陵四野的景致不错，皇后久居于此，虽是孤身一人，应该也不会感到乏味。"

"我给她带去了琵琶，带去了叶子格，带去了舞衣和舞鞋。可她一个人，琵琶弹给谁听，叶子格与谁为戏，舞又跳给谁看？我如果死在破城之日，便可葬在她身边永永远远地陪伴她。可是我却来到了汴梁，一个距离金陵千里之遥的地方。我的坟墓会在哪里？谁能知道？已是阴阳两隔，却又山水相离！"我感觉自己手中的酒杯在颤抖。国破山河在，但故人已逝，如何寻回。我从没像现在一般憎恨自己的存在。那些灵魂深处曾经固有的东西如尖刀般割裂着我的身体，我的肉身在汴梁，可魂魄已躺在懿陵冰冷的墓室中。我始终和娥皇在一起，生死相依。

"幸而您身边还有小周后，'刬袜步香阶，手提金缕鞋'，如何'奴为出来难，教郎恣意怜'。当年秦淮河上的每条画舫中，都在唱着您的这阕词。妹妹也许比不上姐姐与您的情分，但也是国色天香，有她与您为伴，也可聊解您的相思之苦。"

我站起身来，又取来一壶屠苏酒，这是屋内的最后一壶酒。窗外传来三下打更声。三更时分的汴梁，寂静得就像一个巨大的乱坟岗。也许就在此时，皇宫中的那位也没有睡，他正在耐心地、冷冷地等待消息，或者正在做点别的什么事。有人说他谋杀了长兄的爱妾花蕊夫人，还有人说他在斧声烛影中得到了皇位，他所做的一切，都在致力于满足自己无休无止的可怕欲望。这种人在五代期间并不少见。

我对徐铉说："酒，已剩最后一壶；夜，已至三更；话，已说到七分。你现在可以告诉我，是不是皇宫里那位，命你来到此处？"

徐铉低下头，喝尽一杯酒，没有回答。

没有回答就代表已经回答了。

"四年过去了，他还是不放心我。一个只会填词的废人，能做点什么呢？"

"他不放心任何人。他也害怕文字的力量。陛下，你的词能唤起南方人的乡愁，而乡愁有时是可怕的。吴越新降，后蜀未平，泉州民变，北汉虎踞，契丹强横，赵宋手上还有几场仗要打，他不希望在汴梁有人点燃一些不该点燃的东西。"

"这个人一定不是我。如果我会反抗的话，四年前就会负隅到底。但我选择了脱光衣服投降。我不会用千万人的头颅来保卫我的皇位，只要给我一支笔、一张纸，我在哪儿都能填词。"

"可是仇恨的力量往往会改变一个人，不是吗？"徐铉放下了酒杯，慢慢地问道。

"你知道了些什么？"这个问题并不适时。徐铉自然知道一些他应该知道的事情，否则他的到来毫无意义。这些事情曾经像把利刃般在黑夜中剜着我的心口，但如今我已日渐麻木。一个曾在二十万人面前光着身子下跪的男人理应不会在乎任何屈辱，我不会忘记那些宋人的嗤笑声，他们总在噩梦中将我惊醒。有时我会泪流满面，伸手想抱住本应在我枕边的女人，但总是落空。她不在我身边，她在皇宫里。我们在同一座城市里，看着同一个夜空，在漫天微弱的星光下感同身受。

"我听说了一些故事。如果故事是真的，只要您同意，我愿在五步之内，以颈血溅赵光义之身！"徐铉凑过头来，对我说道。

不，这不是徐铉，这不是他。我从不怀疑徐铉的勇气，从他当年孤身出使北方时起便如此。但那是从前的他。我听勾栏里的女子们说起过，现在的徐铉在汴梁买了许多房产，养了不少妻妾；他从不在外面吃饭，招待宾客也只在自己家中宴请。一个拥有很多钱、很多女人的高官，理应重视自己的身家性命。

"算了，一切都会随着时间烟消云散。我只想了此残生，别无他求。"

徐铉看着我。他的目光就像在葬礼上看着一个死人。没有人会喜欢这样的目光，但我是个例外。我喜欢别人把我当成一个与世无争的鬼魂，我喜欢躲在黑暗的世界里。因为在这里，我是我自己的王。

"陛下，我听说的故事，可能比你想象中的更加可怕。你不会知道小周后在皇宫里，遭受了怎样的摧残和折磨。"徐铉冷冷地说道。这不该是对一个国君应有的态度，哪怕是个亡国之君。但他说得没错，我的确不知道。我只知道周薇每月要随命妇进宫，每次离开这间屋子的时候，她都会一边撕心裂肺地痛哭，一边骂我无能。我的确是天下间最无能的男人，没有谁像我一样丢掉了一个国家。但这就是历史。事情一旦发生，总有人需要承担这些不堪的东西。我所有的才华、所有的思想在万千刀兵面前都不过是个笑话，历史终究是用血与火来书写的，而不是笔。

"我听宫里的朋友说，小周后第一次去见赵光义，他就动了淫心。后来强留小周后在宫中，小周后不从，赵光义就让四五个侍女按住她，霸王硬上弓。"

我沉默不言。当我想起赵光义用怎样无耻的方式强暴瘦弱的周薇时，我的内心就在滴血。我恨不得手中所持的不是毛笔而是淬毒的尖刀，将那个禽兽千刀万剐。但我所能做的只有沉默。听到他们的笑声时沉默，听到周薇的骂声时沉默，听到徐铉的试探时继续沉默。我这一生带给身边人们的只有厄运。我再也不想看到流血，不想看到死亡。

徐铉继续说道："最可气的是，赵光义还将他强暴小周后的场景命画工当场画下，放在宫中供臣子下人观看。图中小周后抵死挣扎，却还是不能逃过赵光义的魔掌！如果小周后做得到的话，她一定会死在那一刻！这就是我们南唐啊陛下，这就是我们南唐啊！"

我再也忍不住夺眶而出的泪水。我曾以为自己洞悉世事、万物不侵，但此时还是关防大破、一溃千里。世事总是这样轮回不休，一切报应不爽。当年我是如何让人画韩熙载的家人，如今赵光义就如何让人画我的妻子。其实我一直生活在黑暗的笼罩之中，只是不自知。

胸中自有千言万语，却再也说不出一句话。我当即提起笔，写下一阕《虞美人》：

春花秋月何时了，往事知多少！小楼昨夜又东风，故国不堪回首月明中。

雕栏玉砌应犹在，只是朱颜改。问君能有几多愁，恰是一江春水向东流。

这一生的境遇如此。我再也写不出比这更好的文字。

徐铉看着这阕词，瘫坐在椅子上，半晌无言。我待墨迹稍干，将宣纸卷起，交给了他。徐铉没有伸手接过，他不敢。这阕《虞美人》关乎本府上下老小的性命，一字一泣，一字一血。我说道："你今夜来我家，为的不就是这个吗？我给你了，为什么又不接着？"

"赵光义只让我来看看你的近况，没让我来杀你。你活着，南边来的文人多少还有个念想。你死了，他们连这点念想都没了。"

"南方人不会喜欢我。我不是一个好皇帝，也承担不了他们的念想。"

"快五更天了。酒已饮尽，我也要回去了。家中还有老妻幼子，整夜未归，家人必将牵挂。"

"也不差这一时半刻。不管怎么说，我才是违命侯，而你不是。"

"造化弄人而已，冥冥之中自有天意，陛下不必过多挂怀，保重身体，时日还长。"

徐铉只想试探我，但并不想我死，因为我成为第一个的话，他很有可能就是第二个。赵光义也同样不想。在战场上干掉一个反抗的国君很容易，而在都城干掉一个已经投降的陇西公却不是一件简单的事情，这意味着需要承担舆论的风险，南方人的信任危机，以及尚未臣服的割据势力更加坚决的抵抗。我的生命如同一个锁在衣柜里的桃子，不会丢失，只会任其在孤独中慢慢地变酸，慢慢地腐烂。等到再打开柜门时，只剩下一个完全无害的桃核。桃子不会懂得悲伤，也不会哭泣，它只会待在原地，麻木地等待着即将发生的一切。

而柜门，是永远不会打开的。

我不是桃子。我是李煜，南唐元宗李璟的第六子。我记起了自己的名字，正如记起了那些不该被人遗忘的往事。我会死在今晚，或者别的什么时刻、什么地方，但我一定会打乱你们书写的剧本。

残酒还余半盏，我抿了一口，将酒慢慢地洒在地上，顿时满屋酒香，正如当年灯火通明、夜夜笙歌的南唐皇宫一样。我的身上，似乎又披上了金黄色的对襟龙袍，在群臣和众妃的簇拥下，看身着薄纱的舞姬们永不停歇地热舞。这样的时光仿佛永远不会结束，我如同已经回到了金陵，重新回到了属于自己的生活当中。一阕阕新词在我内心的天空中不断漂浮，我抓不住它们，我也不想抓住它们。任它们去吧。小楼风雨、故国明月、春水东流，这些将是我最后的绝句。

我对徐铉说道："你还记得上一次你我二人对坐房中、饮酒议事，是几时发生的事情？"

徐铉愣了愣，说道："恕我年老易忘事，的确想不起来了。"

"是你不愿记起吧。四年前，我还是南唐国主，你还是南唐的翰林学士。南唐当时已积重难返，原本比年丰稔、兵食有余的局面，在淮南之败后一落千丈。为了筹募军资，我听了汤悦、张洎的话加重税赋，连鹅生双子、柳树结絮都要课税，渐渐失掉了民心。"

"那也并非陛下之过。淮南一役，还是中主在位时的事。"

"但父亲毕竟没有丢掉这个江山。江山是在我手上丢的，人们只会记住这一点。不过当年，有一个人，曾经向我提出过一些守住社稷的办法。"

"您说的是……"徐铉的声音有了一些变化。

"你终于想起来了。没错，他的名字就是潘佑，这个人很对我的脾气。他一直对我说，要行《周礼》之法，恢复井田制，从而提高粮食产量，提升军力国力。"

"这个人当年是我推荐担任中书舍人的。原本看中他有些文采，谁知为人并不安分，脑筋也有些不对，他所提出的这些东西，百姓们根本不会认可。"

"认不认可，都是往事一桩。我们最终没采纳他的办法，但南唐还是亡了国。法无定法，世事难料，很难说谁对谁错。不过这些都不是我想说的重点。"

"那您究竟想说些什么？"徐铉突然间变得有点紧张。

"我想说的是，潘佑之后也向我推荐了一个人，他是个道士，名字叫作李平。潘佑说，李平有经世之才。我让李平当上卫尉卿、户部侍郎，可潘佑还是觉得不够，他连上八疏，希望让李平当尚书令。你知道，我素来是信佛的，对道士并无好感。任用李平，不过是惜才之举。可潘佑和李平二人向我说过的一件事情，却着实让我心动，"我看着徐铉，说道，"他们给了我一个名单，上面有三十多个名字，有汤悦，有张泊，还有你。"

"我看过这个名单。"

"是的，你看过。也是这样一个晚上。我和你对坐宫中，把名单交给你看。潘佑、李平对我说，杀光名单上的这些人，南唐就有救了，"我的脸上露出一丝不易察觉的笑容，"可我选择把名单交给了你。第二天，你和张泊联名上书请诛潘佑、李平，我把李平关进了大牢，却放过了潘佑一马。但是，没过多久，李平就不明不白地死在大牢里，潘佑也在家中自尽。"

"这两个北方人妄议朝政，陷害朝臣，死有余辜。"

"可南唐亡国四年了，汤悦、张泊，还有你，依然活得好好的。"

徐铉擦了擦额头上的汗，再无言语。

我一字一句地对徐铉说道："我一生中最后悔的事，就是错杀潘佑、李平二人！"

话音刚落，窗外传来五声梆子响。远方有阵阵鸡鸣，五更天明，这个漫长的夜晚终于即将过去，正如我漫长的生命。南唐十五年国主生涯，总有些事不能放在太阳下暴晒，只适合在阴暗的角落里慢慢发酵。这些往事本应伴随我一起进入坟墓，永远不见天日，那么，这些南唐旧臣可以继续安心当着他们的宋朝高官，侍奉他们的第三个或者第四个皇帝。无论什么年代，总有些人可以历经三朝不倒，他们所需要做的，就是掩埋那些过往的秘密，不管用什么样的方式。

但我不是他们中的一员。我活够了，现在只求一死。

徐铉放下酒杯，一言不发，拿起我亲书的《虞美人》手稿，转身向门外走去。我逼他下定了决心。徐铉没有选择，他必须干掉我，让一个知道太多往事、曾经当过皇帝的敌人活着，会让他的余生始终活在危险之中，因为今晚我对他所说的话，以后也可能会说给任何一个江南旧臣听。只有死人才是唯一值得信任的人，曾经被剑指着脖子的徐铉早就明白了这个道理。

赵光义也没有选择。正如徐铉所言，我的"故国不堪回首月明中"会勾起南方人对往事的回忆，而在赵光义这个并不合法的皇位之下，聚集了过多的南方人。赵光义的心中也许最不想杀的人就是我，但此时他必须断绝南方人的念想，他也不能让一个心怀刻骨仇恨、始终书写着故国的后主继续存活在世上。

我的一阕词、几句话让他们都别无选择，正如张洎、徐铉当年让我别无选择一般。想起来，这真是让人感觉高兴的一件事。这些年能让我高兴的事情并不太多，但这就是生活。在记忆里，我从没看见过父亲的笑容，同样也没见过祖父的笑容。有人说，祖父是因为我的出生，才下定决心夺取皇位的。这真是个糟糕的决定。如果我们还是吴国的臣属，想必如今在赵宋王朝一样能谋求高位，赵宋需要一些能给他们撑门面的大臣，但绝不需要多余的皇帝。我的坟墓，其实早在祖父称帝时便已掘好，幸而我能决定入住的时间。

这个世界上唯一能让我记挂的只有仲寓了。仲宣早夭之后，只有仲寓一直跟在我的身边。每次看见仲寓，就仿佛又看见了他的母亲娥皇。我们一家三口共同度过的时间太少了，少到仲寓已经记不清娥皇的样子。我死后，赵光义会不会斩草除根？这是一个真正的帝王会做的事情，但也许，他会看在周薇的分上，或者仅仅为了不落人口实而放过仲寓，谁知道呢。毕竟在桎梏中郁郁一生，对于仲寓而言，这样的生活也毫无意义。至于周薇……我不能在这样的夜晚考虑过多，因为我已喝下太多屠苏酒。

天明之后，我会葬了纸笔，从此不写一字；我会醉卧花间，享受每分钟的生命；我会坐看浮云，让往事随风而逝。毒酒，或者白绫。多半是毒酒吧，赵光义对医术和药理有种近乎痴迷的嗜好，他曾下诏让天下百姓敬献医书，又宣道士王怀隐入宫，主持编纂医典。一杯毒酒不会让我死得很舒服，我也许会像一条被碾断四肢的野狗一样，在痛苦的挣扎中乞求死得快点。但那又怎样？我的自由最终将伴随生命的失去而到来，而他们的自由却永远不会到来。他们仍将活在惶惶不可终日的恐惧与束缚中，即使是死亡，也不能将他们解脱。

这就是我的报仇方式。

玖

宋徽宗赵佶：我的人生是一部穿越小说

这个世界上有一种人。

读书的时候，他学习比你强，尽管每天上课睡觉，可考起试来照样拿第一；学校开运动会的时候，他比你跑得快，尽管每顿汉堡鸡翅，可照样长着八块腹肌；课余的时候，他琴比你弹得好、字比你写得好、画比你画得强、球比你踢得好。这个世界上仿佛没有他干不好的事情，哪怕是开个挖掘机，他都能开出一级方程式的范儿。更可气的是，他竟然还长得帅，并且家里有着数不完的钱，妹子们一见到他就恨不得立刻失身，他每天最头疼的事儿就是如何拒绝爱慕者的投怀送抱。一般来说，初学写作的网络文学爱好者笔下往往会出现类似这样的人物。他随时随地顶着主角光环，开启外挂模式，在各种场合上演个人秀，把层出不穷的女主角和女配角推倒，用实际行动诠释每个男人的中国梦。

但这样的人物在现实中居然还真有。他的名字就叫作赵佶。许多人都有过这样的怀疑，赵佶其实就是南唐后主李煜穿越到北宋年间，将生平的故事重新演绎了一遍。

十八岁之前的赵佶，过的是这样的生活：

男主角出生在皇宫之中。据说在他出生之前，他的爸爸宋神宗赵顼有回观看宫里收藏的南唐后主李煜的画像，越看越觉得李煜帅气逼人、我见犹怜，随后就不慎生下了赵佶。作为神宗的第十一子，少年赵佶像李煜一样从没操心过当皇帝的问题。自打懂事起，赵佶就开始了没心没肺的皇子生涯。赵佶的精力旺盛到了一种令人匪夷所思的程度，以至于大家均怀疑究竟有什么事儿是他干不好的。赵佶就像一个五道杠少年般，饥渴地涉猎并征服了存在于世的几乎所有艺术门类，人称诗书画印四绝，并且还擅长骑马、射箭、根石艺术和踢足球。只要赵佶愿意，他可以完全凭借一人之力对抗整个罗浮宫，同时还可以腾出双腿来和高俅等球友一起吊打皇家马德里。放眼中华自有文明史的两千多年来，这样的人物也寥寥无几。这样的孩子没法不受到长辈们的青睐，尤其是妇女长辈，其中就以哲宗之母向太后为典型代表。向太后对赵佶小朋友视如己出，对神宗的其他几个倒霉儿子一律不待见。

原来，天赋才是这个世界上最大的不公。

十七岁那年，赵佶被封端王。当上王爷后的赵佶变本加厉地享受每一天的幸福时光。事实证明，当一个北宋绍圣年间的王爷是人类历史上前赴后继的穿越者们的最佳选择，因为这的确是一个让世界各国的历朝历代都望尘莫及的好年景。就在赵佶出生的七十八年前，他爷爷的爷爷宋真宗曾经在辽人大军压境的逼迫下，放弃迁都南逃的念头，御驾亲征至澶州，英勇地与辽人大战一场，最终射杀辽将萧挞览，取得了伟大的胜利，迫使辽人与宋国签订了"澶渊之盟"这个不平等条约。条约规定，每年宋国送给辽国岁币银十万两、绢二十万匹，大家兄弟相称，互惠互利。身为战败国的辽国人民拿着银子和破布高高兴兴地回家了，却不知更高兴的另有其人，那就是宋真宗。因为他只需每年拿出相当于两个县的财政收入，就买来了宋辽边境近百年的和平。相对于年均七千万贯税收的宋国来说，这点钱看上去就像打发要饭的。光靠宋辽边境的进出口贸易，就已经能够完全弥补岁币的损失。

这个时候，西边的西夏经历了自建国起最衰弱的时期，更为可喜的是，西夏还跟辽国掐起架来，无暇骚扰大宋的经济建设。事实证明，只要没人搞破坏，中华民族就是这个地球上致富奔小康能力最强的民族。在百年和平的滋养下，大宋王朝迎来了一个富裕得让人无法想象的辉煌年代：GDP占全世界的60%以上；人均GDP超过六百美元，达到世界平均水平的两倍；人口在中国历史上首次过亿，超过汉唐鼎盛时期。农业方面，引进占城稻，成功地解决了以少量的耕地养活大量人口的历史性难题，其意义堪比袁隆平的杂交水稻；工业方面，矿冶、制瓷、纺织、造船、制茶、印刷等领域都取得了令人瞩目的成就；商业方面，大城市和小城镇兴旺发达，在人类史上首次出现并运用纸币，海外贸易盛况空前，涌现了一批人口在十万以上的大城市，其中就包括人口达到一百五十万的国际大都市汴梁；科技文化方面，中华四大发明北宋占了两个，唐宋八大家中北宋占了六个，理学、史学及诗词、书画、戏曲、建筑等艺术硕果累累，享誉千古，合力掀起了中华文明的第二波新浪潮运动，对人类做出了杰出的贡献。同时，北宋文人的地位空前提升，知识分子自觉意识觉醒，朝廷对言论控制降低，从不枉杀异议人士，最多赠送免费三亚游。

假如哲宗皇帝能够长命百岁地活下去，赵佶就能在这样的太平盛世里安安心心地当个端王，将书法、绘画艺术推向一个中华文明史上难以企及的高峰，让今后一千多年里的书画艺术家从此失业。然后宋国人和辽国人一起，携手步入文艺复兴、资本主义萌芽的春天，并早于西方世界七百多年迎来工业革命。走自己的路，让别人无路可走。

历史没有假如。

公元1100年，宋哲宗赵煦因病医治无效，在汴梁逝世，享年二十四岁。由于工作繁忙加上身体欠佳，赵煦还没有来得及为大宋王朝留下一个子嗣就遗憾离去，这就把权力的接力棒拱手交到了向太后她老人家手中。向太后又会做出怎样的选择呢？

史载，向太后垂帘痛哭："皇帝死得早，又没生儿子，下一任皇帝要早定下来，我一个妇道人家哪有什么主意，但国不可一日无君呀！"

丞相章惇是个实在人，他真诚地建议："按照年龄，当立申王。"

向太后哭道："大哥你是在玩我吗？申王他眼睛不行，从小测视力连医生手上的那根棍子都看不见，怎么能当得皇帝？我觉得，还是端王更合适。"

章惇仍然不气馁，继续真诚地建议："按照礼律，当立大行皇帝的同母之弟简王。"

向太后哭得更厉害了："这是从哪找来的倒霉宰相？怎么尽出馊主意。大家都是神宗的儿子，难道只有朱德妃的种才能霸着皇帝的位子？我还是觉得，端王更合适。"

章惇奋起反击："端王轻佻，成天不是画画就是泡妞，怎么能当皇帝？"

向太后终于止住了眼泪，眨巴眨巴眼睛，对章惇说："先帝说过，赵佶这孩子心眼好，人又长得帅，跟别的孩子都不一样。我再次重申，支持端王。"

章惇实在忍无可忍，正准备再次发飙之时，只听得知枢密院事曾布说："章惇只代表他个人意见，我们都觉得皇太后圣谕极当。"尚书左丞蔡卞、中书门下侍郎许将也相继表态，支持向太后的重要决定。

大势已去，死心眼的章惇最终输掉了这场权力的游戏。十八岁的赵佶仅仅因为得到了一位中老年妇女的青睐，而不必像他的祖辈一样通过戎马征战、宫斗惊心、杀害父兄等种种手段，就轻而易举地坐上了皇帝的宝座。

一切皆因此而改变。历史在这个时间节点开了一个不算太小的玩笑。

十八岁的赵佶搬家了。这不是他人生中第一次搬家，也不是最后一次。如果不出意外的话，他将会在这个岗位上继续自己的艺术生涯，吃着火锅踢着球，然后在三十岁左右因纵欲过度而驾崩，像这一千多年以来的大半太平天子一样，在历史课本上留下让人过目就忘的寥寥数笔。

那将是书画艺术无可挽回的重大损失，却是大宋王朝的幸运。

但不出意外，才是最大的意外。

因为此时的大宋，表面上光鲜亮丽，但内里深藏着一道道凶险的隐患，它们将会在合适的时候，带给这个太平盛世无可估量的重创。

首先是党争。纵观中国通史，但凡像点样的王朝，都得亡于党争。党争是经济社会发展到一定阶段，不同思想政见之间激烈碰撞的必然产物，也是统治者控制文官集团的最佳手段。一个王朝如果没搞过一次党争，简直连出门都不好意思跟人打招呼。事实证明，文官集团的内部利益斗争往往比外族入侵的杀伤力更大。以经济社会发展而论，宋朝也相当像样，因此也没能幸免。自神宗皇帝以来，宋朝最大的内部矛盾就是元丰、元祐的新旧两党之争。元丰党人以王安石为代表，信奉凯恩斯主义，主张激进的经济体制改革，通过国家干预农业、工商业和金融业，强力推进国进民退，全方位与民争利；元祐党人以砸缸天才司马光为代表，信奉黄老之治，主张什么都不干，只需按照高祖、太宗、仁宗一路传下来的办法，任由民间经济自由散漫地发展。神宗时期，新党占据上风，青苗法、均税法、保甲法玩得不亦乐乎，保守党只有靠边站围观的份儿；哲宗初年，宣仁太后垂帘听政，元祐党人的春天来了，元丰党人则纷纷被派往海南享受全家日光浴；被誉为"女中尧舜"的宣仁太后仙逝之后，年轻的哲宗又开始启用新党，把保守党打入冷宫……就这样，大宋王朝在一天天无休止的折腾中度过了三十多年，大家的热情都消耗在找政治对手的茬上面，斗争本身掩盖了它的起因。

其次是糟糕的军事。由于没能成功地收回燕云十六州，加上丢掉了河套地区这个自古以来中原政权最重要的天然马场，宋朝从建国伊始就陷入了在一圈游牧民族势力包围下被动挨打的境地。最关键的是，由于缺乏骑兵，宋军必须在平原上徒步硬扛契丹、西夏铁骑的冲击，这在冷兵器时代相当于用步枪去打阿帕奇。以至于尽管名将辈出，宋军依然难以摆脱屡战屡败的颓势。宋真宗亲征澶州一役虽然达到了对辽作战的一个巅峰战绩，但"澶渊之盟"的签订导致宋朝近百年放松了对北方势力的警惕，结果白白养着上百万的冗兵，耗费国库大半的财政收入，军事实力上却较建国初年相差十万八千里。更为可怕的是，宋朝的盟友兼宿敌——辽国也因为多年没动刀兵，沦为亚洲三流水准，这也为日后辽国辖区内女真部落的崛起埋下了伏笔。

但这些都不算什么。因为宋王朝最大的隐患，就是赵佶本人。

赵佶绝不是一个昏君，恰恰相反，他是一个天才。但对于国家而言，一个碌碌无为的昏君造成的损失可能会小很多，但天才常常会带来毁灭性的灾难。

初登大宝的赵佶一开始隐瞒了自己的天才身份。他像个历史上屡见不鲜的守业皇帝一样，老老实实地和着元丰、元祐这两团稀泥，帮助已经死去的爸爸和哥哥擦屁股。赵佶吸取了神宗、哲宗皇帝一味宠信新党并碾压保守党，导致朝纲不振、党争四起的教训，首先将那位死心眼的元丰党人宰相章惇送去了海南，那里住着大批曾经被他送来吃椰子的元祐党人，大家可以一边吃海鲜一边玩浮潜，新仇旧恨化为云烟。然后把范仲淹的儿子范纯仁请回京城，同时赦免元祐党魁苏东坡，并恢复其官职。过了没多久，赵佶又发布诏书，表示自己对于元丰、元祐没有成见，一切只看对国家是否有好处。任何伤害国家利益者，不论是元丰还是元祐，必与国人共同唾弃之。一个月后，赵佶又一次下令，改元为建中靖国，表现出一种不偏不党、除旧布新的气魄。

这一切让人们感觉大宋王朝的春天来了。一位有德明君正在带领大家走向民族复兴，没准二十年以后，契丹、党项和吐蕃争相到汴梁来送岁币，燕云十六州回归祖国的怀抱，大宋国库里的铜钱堆到绳子全烂掉都用不完，一个伟大的王朝将以气吞万里如虎的魄力屹立于天下！

那画面过于美丽，以至于元祐党人睡觉时都会大笑。自宣仁太后去世以来，元祐党人再没过上一天好日子，大家分散在杭州、海南、贵州、九寨沟等风景名胜区，想凑一块儿聚个餐都难，这也直接导致祖国各地无缘无故多出了许多看上去莫名其妙的摩崖石刻。但现在不一样了，元丰、元祐两党即将摒弃政见上的不合，在新一届元首的坚强领导下，共建幸福和谐家园。

这就是徽宗初年的美好梦想。

很不幸的是，梦总有醒的一天。

公元1101年，也就是让人满怀憧憬的建中靖国元年，一手将赵佶从端王提拔至皇帝的向太后因病去世。历史在此刻风云突变，神宗、哲宗年间发生的一切又在徽宗年间开始重演。这三父子无一例外地选择在垂帘听政的皇太后离世之后，立马高举变法大旗，任用元丰派新党。当然，神宗用的是王安石，哲宗用的是章惇，而徽宗用的却是蔡京。和前两位相比，蔡京无论在工作能力还是政治操守方面都不是一个档次，但有一点蔡京则完爆王安石和章惇，那就是艺术才华。据可靠消息，赵佶本人竟然曾是蔡京的脑残粉！早在端王时代，赵佶就曾暗中重金购买蔡京的扇面。后来蔡京被贬至杭州，赵佶又专门派最宠信的太监童贯征集他的书法作品。以赵佶如此惊才绝艳，对蔡京都这么推崇，由此可见蔡京的书法水准达到了何等境界。蔡京和赵佶一样，也是个北宋年间一个开了挂的现象级人物，他的书法、绘画、诗词、散文都为一时之选，尤其是书法跻身于"苏黄米蔡"四大名家，每年光卖字帖拿到的版税，就足以在北京四环内买套写字楼了。当时的人们谈到他的书法时，使用的词汇经常是"冠绝一时""无人出其右者"，就像现在形容马云和他的淘宝一样。

字写得好，自然人品就好，正如有钱人都长得更英俊点一样。至少赵佶是认定了这个理儿。正所谓金风玉露一相逢，便胜却人间无数。赵佶只用了一年左右的时间，就将蔡京从知府直接提拔到宰相，视干部提拔任免机制为无物。按说蔡京上位应该是元丰新党的一大胜利，因为在神宗时代，蔡京就曾是王安石手下的得力干将，在推行青苗法、募役法、方田均税法、农田水利法、保甲法的时候都立下过汗马功劳；可元祐党人也有理由把蔡京当成自己人，因为哲宗初年司马光执政的时候，蔡京也曾向保守党表达过自己愿意弃暗投明的诚意，在朝廷下令全国恢复差役法的时候带头贯彻落实，得到了司马光的好评；全国的百姓也没把蔡京上位当成坏事，因为他执政伊始就大力推行居养院、漏泽园和安济坊三项民生工程，即国家养老、免费丧葬和传染病治疗，在社会救济制度方面独步全球、亘古未有，让更广大的人民群众享受到了GDP增长的伟大成果。

总体来看，蔡京不仅是一个顶尖级的艺术大师，同时还是一个具有相当强执政能力的干吏。他理应比肩范仲淹、王安石、司马光，成为北宋年间又一位名垂青史的一代名相。

但蔡京本人并不这么认为。

因为这么多年来的宦海沉浮让他明白了一个道理：会做事是没用的，会搞事才是硬道理。

无论是王安石还是司马光，他们都没真正意义上把蔡京当成自己人。无论蔡京做过些什么，元丰、元祐两党都只是把他当成一个政治工具而已，需要的时候捡起来用，不需要的时候就一脚踢开。

从赵佶将蔡京任命为宰相的第一天起，蔡京就决定：自己不能当工具，要当用工具的人。

书法家蔡京自此开启了中国历史上最长时间的宰辅生涯。直至将北宋王朝辅入坟墓。

建中靖国的年号只用了一年，元丰、元祐两党的好梦刚做了几个月，赵佶、蔡京就搞出了北宋建国以来最大的政治事件：元祐奸党案。数百名元祐党人位列其中，司马光、苏东坡、苏辙、黄庭坚、程颐、范纯仁等震古烁今的文化名人一个没跑掉。虽然这些党人历经三朝，已经死得差不多了，总不能从坟里挖出来鞭尸，毕竟大宋还是个讲文明的法制政权，但蔡京自有他的办法。他将矛头对准了这些人生前最为看重的身后名节。蔡京在全国各地设立党人碑，满世界刻上元祐奸党的名字，以至于事情过去了近千年，在一些偏远乡村仍然能找到党人碑的遗迹。然后蔡京又开始大面积销毁苏东坡、黄庭坚等人的作品——毕竟这俩货不仅是政敌，还是字帖市场最主要的竞争对手。如果不是太学博士陈莹中搬出了神宗的序文救驾，连司马光《资治通鉴》的底版也得被蔡京统统销毁。党人案对于元祐党来说是场政治劫难，对于北宋文化而言则是场不折不扣的人间浩劫。

令人惊异的是，党人碑上不光刻着元祐党人的名字，元丰新党的几大头目也赫然在列。最倒霉的就是那位跟向太后据理力争的宰相章惇。作为新党的代表人物，他不仅没在徽宗初年的这一轮政治博弈中得到什么好处，自己的名字反而被刻上了终其一生与之对立的元祐党人碑，这让身在海南岛吹台风的章惇情何以堪。事实上，蔡京根本不管你是什么党，只要得罪过我，你就是元祐奸党，就得到石碑上站着。自此，历经三朝的党争终于在徽宗初年以一种奇特的方式告一段落。元丰、元祐党人终于实现了形式上的和平：大家都成了奸党，就不用再争个高下了。

这时的赵佶也没闲着。能臣蔡京的上台让赵佶得以将主要工作精力从国家大事这种枯燥无聊的事务中抽出，全心全意地投入书画艺术的创作中。作为一个不世出的穿越者，赵佶利用当皇帝的这些年干成了两件大事，并且不是一般的大事，而是几乎改变了中华文化格局的大事。即使与达·芬奇、米开朗琪罗、拉斐尔这三只忍者神龟相比，赵佶在艺术方面的贡献也毫不逊色。

第一件大事是在书法方面，赵佶发明了瘦金体。在赵佶之前，从没人敢这么写字。这种字体就像凡·高的后印象画、毕加索的立体主义、猫王的歌声、迈克尔·杰克逊的舞步、郭德纲的相声以及凤姐的长相一样，具有让人过目难忘的独特辨识度。自瘦金体出现后，中华书法第一次被真正意义上赋予了灵魂，那种瘦骨嶙峋、侧锋清厉、屈铁断金的独特气质，甚至让同时代的"苏黄米蔡"都黯然失色。后代习其书者甚多，然得其精髓者寥若晨星。自瘦金体问世，此后近千年间中华书法界再无出其右者。2012年，赵佶的《瘦金体千字文》作品拍出了1.4亿元的天价，虽然比起黄庭坚《砥柱铭》的3.9亿元差了不少，但考虑到《砥柱铭》长逾九米，而《瘦金体千字文》只有三米左右，从平尺单价来看，赵佶的作品确实达到了"会当凌绝顶"的巅峰。

如果只是在书法艺术领域独步天下，赵佶充其量也就和千古词帝李煜的境界差不多。但别忘了赵佶可是个穿越者。一个穿越者是永远不会让自己束缚在某一个领域当中，星辰大海才是他的征途。在写好千字文的同时，赵佶手中的画笔也没歇着。他的另一件大事就是将工笔画发扬光大。在赵佶之前，也有许多名家进行过对写实主义的探索，但绘画界的主流还是写意为上，即使有关注现实、关注细节的工笔作品面世，大多也仅停留在对表面现象的写实，未能在意境上突破纸面的羁绊。当然，这也不能怪画家们。在随便泼两笔墨汁就能卖钱的年代，谁愿意捺下性子一笔一笔地画线条呢？工笔画可真是个得下功夫的活，没有超强的毅力和足够的耐心绝难画好。幸而赵佶这两样都不缺。他最爱花鸟画，并将其花鸟作品收录成册，名为《宣和睿览》。据统计，仅仅在《宣和睿览》中入册的花鸟画便有千册，共计一万五千余幅，再加上其他记载，总数十分惊人，这相当于数十位画家一生的作品！

有天赋的人不可怕，可怕的是既有天赋又会玩命的人。赵佶就属于这一类型。在这种近乎不要脸的勤奋努力下，赵佶的工笔花鸟作实现了质的飞跃。其物象意念、神情气韵超过了同时代的任何画作，将西方画技与东方传统风格完美地融合在一起。后世对中国美术史颇有研究的劳伦斯·西克曼把徽宗的这种写实技巧称为"魔术般的写实主义"，因为它能给人以"魔术般的诱惑力"。

更让人无语的是，除花鸟画之外，赵佶的山水画和人物画也同样非同小可。他的山水画作《雪江归棹图》意境清奇高远，一般的山水画作品，根本无法望其项背；而人物画代表作《听琴图》出神入化的描绘技法更令人叹为观止。画面上的弹琴者是赵佶本人，而听琴者就是蔡京。世上芸芸众生，听我琴音者几何？这种孤独的意境只能让人高山仰止，天下间也仅有同为穿越者的蔡京才能跟得上赵佶的节奏了。

于是徽宗初年，蔡京带着他的同党们努力地弄权，赵佶带着他的宫廷艺术家们努力地搞创作。大家各司其职，反正外面世界一切太平，国库里也充裕得很。蔡京刚当上宰相的时候，曾兴冲冲地跑到赵佶那里报告："陛下，咱们太有钱了，光国库里就存了五千多万贯，相当于近三千万两银子，即使咱俩躺着什么也不干，光存款就够付辽国一百年的岁钱了！"赵佶立马批评他："这点出息，你也真没见过什么。"按说，赵佶的三大爱好——写字、画画、踢球虽然都不是什么省钱的事儿，但对于国库里这堆积如山的铜钱来说，每年耗费点笔墨、宣纸和球鞋实在算不上什么大事。加上蔡京的民生工程也搞得有声有色，老百姓与统治阶级还算相安无事：你搞你的艺术创作，我赚我的钱，大家井水不犯河水。直到赵佶拥有了两个特别的爱好，一切才发生了改变。

这两个爱好才是真正烧钱的事儿。事实上，北宋王朝的命运自此走到了转折点。

公元1105年，是蔡京当上宰相的第三年。赵佶突发奇想，爱上了江南的根石、金玉、牙角、竹藤、织绣等艺术，总之一句话，凡是好看的东西都是他的心头爱。皇帝的想法就是蔡京的做法，皇帝的态度就是蔡京的行动。蔡京立马在苏州设立应奉局，由心腹朱勔主持，专门负责在江浙一带为赵佶搜罗珍奇物品与奇花异石。底下人一看，连蔡京这么大的官都有所表示，我们不能消极怠工啊，必须得跟上上司的脚步。结果一来二往，就发展成为灾难性的、遍及全国规模的"花石纲"大劫难。

原来，花石通过水运到开封，这些运送花石的船只，每十船编为一纲，从江南到开封，沿淮、汴而上，舳舻相接，络绎不绝，故称"花石纲"。当时，凡民家有一木一石、一花一草可供玩赏的，应奉局立即派人以黄纸封之，称为供奉皇帝之物，强迫居民看守，稍有不慎，则获"大不恭"之罪，搬运时，破墙拆屋而去。凡是应奉局看中的石块，不管大小，或在高山绝壑，或在深水激流，都不计民力千方百计搬运出来。朱勔曾觅得太湖石，高四丈，载以巨舰，役夫数千人，所经州县，有拆水门、桥梁，凿城垣才得以勉强通过。花石征集多了，应奉局原准备的船只不能应付，就将几千艘运粮船和商船强行征用。花石纲之祸延续二十余年，不仅本身危害严重，而且为地方官府的贪腐寻租大开方便之门。许多官吏借机敲诈百姓、中饱私囊，把原本富足康宁的两浙地区搞得民不聊生。

本来北宋朝廷最引以为豪的一个纪录就是建国一百多年来，几乎没有发生过大规模的农民起义。本来大家只要日子稍微能过得去，谁愿意冒着生命危险跟政府作对？可到了赵佶当皇帝后，这个纪录终于被打破了：两浙路的方腊、京东路的宋江、河北路的张迪和高托山纷纷起事，忙得蔡京、童贯每天都来不及继续整理党人名单了。

虽然北宋末年的这些起义都被朝廷迅速地扑灭了，但其影响却异常深远。方腊作为摩尼教起事的先驱，让本教火种得以代代相传，直到元末被明教朱元璋所继承，终于实现了夺取全国政权的终极理想。而宋江更是和他的小伙伴们一起，被明代奇书《水浒传》所记载，以至于现在只要有中国人的地方就有他们的故事在传诵。

赵佶管不了这么多。打造反、运石头和除奸党这几件事儿归蔡京管，只有文艺创作和花钱寻乐才归他自己管。在折腾花石纲之余，赵佶又迷上了另一件烧钱的事情：信教。

与结缘佛教的李煜不同的是，赵佶信的是道教。道教这种本土宗教与其他任何一门教派的最大区别就在于四个字：随心所欲。也就是说，你能够以自己喜欢的任何一种方式表达信仰。爱长生不老的就去炼丹，爱害人的就去厌胜，爱找神仙聊天的就去扶乩，爱学法术的就去茅山，这种没有什么清规戒律、条条框框的宗教像广场舞一样为我国群众喜闻乐见。赵佶信奉道教几乎达到了痴迷的程度，以至于他把自己的名头都改了，叫作"教主道君皇帝"。这个称号的山寨程度，估计只有后世明朝朱厚照的"总督军务威武大将军总兵官"才能媲美，后唐李存勖的"李天下"都要甘拜下风。

赵佶信奉道教的方式也很有个人风格，他不玩什么炼丹、厌胜这些老土的东西，作为一个新派男人，赵佶攫取了道教文化中最尖端、最和谐、最上档次的一种修炼方式：采阴补阳。采阴的对象，最好是芳龄二八的处女；她应该皮肤白嫩细腻，气色白里透红，骨骼玲珑细致，头发油光黑亮，五官美貌标致，最重要的是：数量越多越好。

从花鸟画这件事早就可以看出，赵佶是个勤奋的人。但谁也没想到，他竟然这么勤奋。在位的这些年里，赵佶平均每五至七日就要与一位处女交合，每交合一次就进阶一档，同一女交合两次直接升级，这二十多年寒暑苦功下来，宫里竟然多了一万多名宫女！

这已经不是穿越小说了，这是彻头彻尾的种马小说。

赵佶在认真做好"每周一个处女"本职工作的同时，丝毫不放松对自己的严格要求。据路边社报道，赵佶经常从宫中秘道溜出去，去找一代名妓李师师虚心学习实用知识，提高自己的综合素质和业务水平。当然，学费也是不菲的，京中头牌的收费标准不能与寻常流莺相提并论，但与快乐比起来，钱又算得上什么，赵佶又不是缺钱的人。

由于北宋时期计划生育工作搞得不太理想，赵佶一不留神生了三十二个儿子和三十四个女儿，估计不编上号连他自己也认不全。要说赵佶毕竟一身的艺术细菌，他仿照周代的"王姬"称号，宣布一律称"公主"为"帝姬"。这一称号的文艺范儿简直不在瘦金体和工笔画之下，充分展现了赵佶内在的情怀。种马小说的风格，又一下子切换到古装言情小说的路数上来了。

本来按赵佶这种搞法，理应活不过三十就该去见阎王爷，然后传位给下一任顽主，换个太平宰相继续折腾。但不知是采阴补阳大法起了神效，还是上天对大宋过于刻薄，赵佶竟然一口气活过了四十。通过二十余年来的不懈努力，赵佶和蔡京终于把国库里的五千万存款，用得只剩下不到八百万，避免了人生中最痛苦的事情发生：人死了，钱没花完。

与此同时，在遥远的北方，一个暗黑的势力正在不动声色地崛起。头鱼宴上拒绝为辽帝舞蹈的完颜阿骨打，带着对文明世界天生的仇恨，在吞并女真部落之后，定国号为"金"，并向已经久疏战阵、腐朽入骨的辽国发起了致命的攻击。按说作为与辽国签订了"澶渊之盟"的大宋，不拉兄弟一把也就算了，偏偏赵佶这时看到辽国被金兵打得就像当年宋兵被辽军打得一样惨，心想这时有个天大的便宜可占，一旦得手，自己就不仅是一个著名的书法家、画家和足球运动员了，还是一个功劳堪比秦皇汉武、唐宗宋祖的千古名帝，因为他打算利用契丹衰败之际，一举收复离开中原文明怀抱近两百年之久的燕云十六州！这可是周世宗、宋高祖、宋太宗等雄心勃勃的英雄人物终其一生都没能做到的事情。一想到这里，赵佶简直就要立刻推开怀中的李师师，学真宗他老人家来个御驾亲征，把辽国天祚皇帝的嫔妃抓来练习采阴补阳。

客观上来讲，赵佶收复燕云十六州的路线图非常具有可操作性：联合金国，南北夹击，拿下辽国，宋国收回燕云十六州，金国继承辽国的岁币。这样，大宋又只需要每年出三十万的零花钱，就能买下燕云十六州这个北方平原的天然屏障。但是，无论从哪个角度看，与金人合谋盟友，这都是一件背信弃义的事儿。更何况唇亡齿寒，从地缘学上看，金人灭掉辽国后，没理由不来找身边弱宋的麻烦，到那个时候，你不能光靠瘦金体和花鸟画来抵抗它。因此，这时赵佶的选择本应是帮助盟友兼宿敌辽国，抵御来自白山黑水间的女真人侵袭。

但硬币的一面是毕其功于一役的名垂青史，另一面则是与几百年来杀害汉人无数的契丹人为盟，赵佶单从讲政治的高度出发，也会很快做出选择。在这个历史节点，搁谁都会这么干。于是，赵佶让童贯秘密派人经渤海湾绕行到女真部落，与完颜阿骨打达成协议，两家出兵，金军直取辽国中京，宋军拿下南京和西京，共灭辽国，史称"海上之盟"。

毫无疑问，赵佶本可以作为一位流芳百世的民族英雄载入史册。只要军队稍微给力一点，拿出平时运花石纲的一半力气来，燕云十六州就唾手可得。大宋的版图会变得和汉唐盛世一样完整，赵佶将踢着球画着画，轻轻松松地开创一个属于自己的崭新时代。

赵佶和大宋王朝的美梦，自此时开始破碎。

公元1122年，刚成功镇压方腊之乱的童贯踌躇满志，按照宋金两国的"海上之盟"，率领大军北上攻辽。但宋王朝经过近百年的和平，其军力早已积弱难返，本来北宋向来实行的就是募兵制，招来的士兵不是灾荒饥民，就是充军罪犯，这样的兵搞搞敲诈勒索、欺男霸女都是一把好手，打起硬仗来只能呵呵了。去江南边泡妞边打业余选手方腊自然容易，可来到苦寒的北方跟凶悍残忍的契丹人干又是另一回事儿了。加上宋制为防武将割据和拥兵叛乱，坚持以文臣御武事，使兵不识将、将无专兵。大家根本就不太熟，也不存在要为长官卖命的道理。因此，攻打辽国陡然间变成了"猎人与熊"的故事，宋朝军事的羸弱和混乱完全暴露在北方人面前，先败于高阳关，再败于燕京城下，辽国人都搞不清这帮宋人到底是来打猎的还是来旅游的。

与此同时，金军却连下辽上京、中京和南京，这种情况下，再讲对等的盟友情谊，显然不太现实，完颜阿骨打拒绝按照盟约将燕云地区归还宋朝。宋方强烈谴责金国背弃盟誓的行为，并派人进行严正交涉，结果出了二十万两银、三十万匹绢给金，并纳燕京代租钱一百万贯，金方才交还燕云六州及燕京。这样一来，靠三十万岁币收回燕云十六州的买卖最终变成了一百五十万订金加岁币，考虑到仅剩八百多万存款的国库和这几年攻辽产生的巨额财政赤字，赵佶的这笔生意最终沦为坊间笑柄。更为可气的是，像没见过钱一样的金军在撤出燕京前，还将城内财物和人口搜刮一空，宋接收的只是一座"城市丘墟，狐狸穴处"的空城。同时，还有十州仍在女真人手中，宋方仍旧没份儿。

虽然过程惨了点，但毕竟也算收回了燕云十六州的三分之一，马马虎虎也为民族立了点功，偷偷摸摸地就算是个民族英雄吧。花钱这种事儿就别提了，古往今来谁干点大事还计较钱呢？赵佶觉得心满意足，继续埋头写字、画画和采阴补阳。

可事情才刚刚开始。

公元1125年，金人借口宋朝私纳叛金降将张觉，遣完颜宗望、完颜宗翰兴兵攻宋——如果你想要什么，你就去拿过来，借口和辩护律师都是好找的。宋军仓促应战，结果毫无悬念，连战连败，金军骑兵没用几天就打到了开封城下，大家感觉就像搞了一次集体公费旅游般轻松。但赵佶不轻松。因为他面对的敌人比宋朝的老对手契丹人更加凶狠百倍，都是一群在长白山吃惯了人参和小鸡炖蘑菇的野蛮人。汴梁城虽坚，但也未必能坚得过辽国五京，自己手下的宋兵宋将更是早已以实际行动展示了风采。关键时刻，给事中吴敏向赵佶推荐了一个人，他就是太常少卿李纲。要说李纲的耿直程度不在当年章惇之下，他向赵佶提出的第一个建议就让人心惊肉跳："你得退位给太子，否则大家都不愿跟着你干了！"

赵佶同意了。他还能怎么样呢？事实证明了，蔡京、童贯是靠不住的，要守住开封，他就不得不听李纲的。

公元1125年底，赵佶让位给太子赵桓。次年初，赵桓定年号为靖康。

这也将是北宋王朝最后一个年号。

眼看金兵越来越近，赵佶带着童贯、蔡京、高俅从开封跑到亳州，又从亳州跑到镇江，一路向南去避祸，把烂摊子留给儿子搞定。这时，留守开封的李纲们不干了：敢情你们跑江南去搞女人，把搞金兵的好事儿留给我们？世上哪有这个理儿？于是太学生陈东等上书，指蔡京、童贯、王黼、梁师成、李彦、朱勔为六贼，说"六贼异名同罪"，请求朝廷把他们处死。赵桓、李纲顺水推舟，砍了童贯、王黼、李彦、梁师成，流放了蔡京、朱勔。结果，年迈的蔡京死在了流放途中，成为了书法界无可挽回的一大损失，从此，蔡体成为绝唱，永远被模仿，从未被超越。

赵佶躲在镇江胆战心惊地等待着噩耗的传来。但没想到的是，依靠李纲的正确部署，宋军爆冷打退了金军对开封城的第一次包围。赵桓秘密派人到金营，答应增加岁币三五百万两，犒军银三五百万两议和。但金方却提出：别把我们当契丹人打发，我们要黄金五百万两、白银五千万两、牛马等各万匹、绢帛百万匹，还要割让太原、中山、河间三镇，并以亲王、宰相做人质，才许议和。

宋真宗当年绝不会想到："澶渊之盟"才过去一百多年，物价上涨竟然达到如此程度！金人的这个价码足以把大宋近两百年来积累的家底全部铲平，并且直接动摇社稷根本。赵桓虽然年轻，却也不是笨蛋，这样的谈判条件简直就像在三亚宰客，他当然不会答应。幸而此时名将种师道又带着十万西军精锐抵达开封勤王，金军的第一次围城最终无功而返。

赵佶从镇江回到了开封。开封还是那个开封，但人们看着他，就像看着一个陌生人。他已经不属于这座城市。如果赵佶愿意，他还可以继续画画、写字，但他已经不再是皇帝，甚至不是端王。他回不到过去，也没有未来。他存在的唯一意义，就是等待下一次灾难的到来。而这段时间并不会太长。

公元1126年11月，距离第一次围城还不足一年，完颜宗望、完颜宗翰再次攻宋。和上次一样，只花了一个月不到的时间，两路金军又打到了开封城下。这次宋朝方面情况更加困难：种师道已死，西军精锐被关在潼关之内无法勤王，李纲早被罢免，参与围城的金军兵力几乎是上次的三倍……

总之一句话，北宋气数已绝。

公元1127年1月，金军攻破开封外城。赵桓受大臣怂恿，入金营议和，却被金人掳为人质，每天逼宋方出钱。这次金人的开价是：金一千万锭，银二千万锭，帛一千万匹，少女一千五百名。

还能说什么呢？跟流氓还有什么可说的呢？

由于这时赵佶的瘦金体千字文还值不到那么多钱，开封府只能玩命地向老百姓搜刮钱来赔给金国人，到正月下旬，开封府才搜集到金十六万两、银二百万两、衣缎一百万匹，有小学一年级文凭的人都能看出这跟金国人的要求之间存在的巨大差距。少女倒是够了数，只要稍有姿色，即被开封府捕捉，以供金人玩乐，赵桓还亲自贡献了许多嫔妃，但由于许多女子不甘受辱，自杀的也不在少数。整个开封城内怨声载道，民不聊生，简直成了《清明上河图》的暗黑版。

公元1127年3月27日，这是一个足以永载华夏民族苦难史的屈辱日子。太上皇赵佶为救儿子赵桓的性命，也来到了金营。但视信义为粪土的金国人逼迫赵佶与赵桓脱去龙袍，将他们同时囚禁，两个皇帝都成了异族的阶下囚。4月1日，金军在掳掠了大量金银财宝后开始分两路撤退。一路由宗望监押，包括赵佶、郑皇后、妃嫔及三十二个儿子和二十二个女儿，沿滑州北上；另一路由宗翰监押，包括宋钦宗、朱皇后、太子、宗室等，沿郑州北行。被金人掳去的大臣三千人，百姓男女不下十万人，教坊乐工、技艺工匠、法驾、仪仗、冠服、礼器、天文仪器、珍宝玩物、皇家藏书、天下州府地图掳掠殆尽，北宋王朝府库积蓄为之一空。金兵所到之处"杀人如刈麻，臭闻数百里"。

这时的赵佶终于能亲身体会到李煜当年的感受了。当年李煜的小周后被赵光义强暴，同样的命运也降临在赵光义的后代头上：北行路上，赵佶、赵桓受尽苦难，朱皇后被金人侮辱，二十二个帝姬也大部分没逃脱被金人肆意玩弄的厄运。当年李煜被赵宋封为"违命侯"，赵佶、赵桓也被金人分别冠以"昏德公"和"重昏侯"的雅号。李煜被软禁在汴梁城中，好歹还有个大房子，偶尔还能去逛逛青楼；赵佶、赵桓更加凄惨，被关押在苦寒的五国城中，每天冻得像两条咸鱼。

什么是轮回？这就是轮回。漫长的历史中所发生的一切，都能找到与之相似的原点。

公元1135年，赵佶来到北地八年了。这八年里，他老去得很快。那些十八岁时的梦想，仿佛就在眼前一一浮现。他在五国城中自杀过几次，但依然还在寒冬中苟延残喘。任何人的故事，总需要有一种方式来结束。

死亡终将如期而至，无论你是皇帝，还是囚犯。

赵佶如一条野狗般病死在土炕上，赵桓发现时，他已冻得僵硬。金人对这样一个人质的死亡并不满意，他们将赵佶的尸体焚烧，烧到半焦烂时，用水浇灭火，将尸体扔到坑中制作灯油。

肉身虽然毁去，但灵魂终将不灭。下一个穿越者，又将出现在何时？

没有人知道答案。

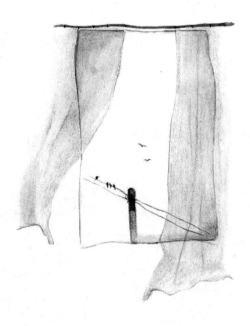

拾

明熹宗朱由校：六级木匠相当于中级知识分子

时间巨轮永不停止。

当伟大的17世纪不期而至之时，没有人能想象这个时代对于人类命运走向的决定性意义。文艺复兴的思潮如摧枯拉朽般毁灭了中世纪神权的基石，人本主义的力量迅速点燃了整个欧洲大陆。上帝的神秘面纱在无畏的人群面前，正在一层层被揭开，思想的爆炸让这个年代充满惊喜与激情。地理大发现将香料与黄金填满了冒险者的船舱，三十年战争将神圣罗马帝国打得名存实亡，老一代的封建王朝行将就木，而新一代更具活力的殖民主义者异军突起，火枪的广泛使用总会让流血变得更加容易。

鲜血书写着整部史书，不带任何感情色彩。

与军事和政治相比，科技上的革新更是推动世界朝着一个崭新的纪元飞速前行。尤其是在基础学科方面，一批巨人的肩膀托起了整个星球，他们为世人展现了一个全新的、前所未见的广阔维度。三角函数、微积分、解析几何、概率论等数学领域几乎无一例外都是在这个世纪产生的，毫无疑问，17世纪成为了当代高中生的梦魇。

但在东方世界，17世纪却是各大王朝的封建统治力达到鼎盛的时期。

在地中海东部，奥斯曼帝国如同笼罩在欧洲大陆上方的阴影，无时无刻不在威胁着基督教文明的生存与发展；在印度半岛，莫卧儿王朝的统治扼杀了这片次大陆上仅存的生机；在日本岛，德川家康以铁血手腕结束了跨越三个世纪的战国争霸，从此日本进入了死气沉沉的江户时代。

而在古老的中国，明王朝的统治已历经两百余年。这个三千多年来与欧亚核心区域文明几乎完全隔绝的帝国，正在走向一个历史的分水岭。漫长而死板的单一政权统治让这个王朝陷入了一种类似无人驾驶般的惯性，它的活力与热情早在无穷无尽的内耗中消磨殆尽，而来自外部的冲击还不足以让它偏离行驶的轨道。即便是王朝中最具智慧的人物，也从不会去思考何去何从的问题。因为中国的文明史实在过于悠久，当下所出现的任何问题，都能在汗牛充栋的史册和典籍中寻找到答案。这种惰性让统治阶层失去了探寻世间奥秘的决心和勇气，大家宁愿在故步自封中享受万邦来朝的感觉，也不愿睁开眼睛看一看这个熟悉而陌生的世界。

就在这样一个微妙的历史节点，十六岁的少年朱由校登上了皇位，定年号为天启。没有人对他报以希望，他也无须给任何人希望。因为这个暮气沉沉的王朝并不需要明君，他们需要的只是一切照旧。只要遵祖训、守旧礼，大家该干吗干吗，皇帝要做的就是安安心心地待在宝座上活到死。至于怎么死，什么时间死，也没谁会关心。因为皇帝之后还有皇帝，三条腿的蛤蟆不好找，两条腿的皇帝遍地都有。

但这就是制度建设的力量，因为有了它，大明王朝历经成化、正德、嘉靖等前仆后继的数代昏君而始终屹立不倒。不像北宋，赵佶仅凭一己之力就葬送了一个有着五千万存款、一百二十五万常备军和过亿人口的盛世王朝。明朝完备的制度保障和成熟的文官体系，得以让金字塔最顶端的那位每天可着劲地作死。据统计，整个明代皇帝不上朝的时间近半，朱由校之前的十四个皇帝中，死于嗑药的、纵欲过度的和各种意外的比寿终正寝的还多。

大明就这样，磕磕碰碰地走到了公元17世纪初叶，如一块矗立在大洋东岸的巨大礁石般，虽然历经风雨，但始终面貌如初。

就在朱由校登基的两年前，来自北方的女真人努尔哈赤为他提前送上了一份贺礼。努尔哈赤在萨尔浒地区大破四路明军，歼灭明军约五万人，缴获军用物资无数。自此女真部族建立的后金政权在山海关以北再无敌手，奠定了称霸远东地区的强大军事实力，并且具备了直接威胁北京方面安全的可能性。

当然，对于明朝而言，这算个事儿吗？不算。两百多年来，明朝尽挨北方游牧民族的揍，这不是第一次，也不是最后一次；不是最轻的一次，也不是最重的一次。远有瓦剌部也先的土木堡之变，近有鞑靼部俺答汗的古北口突袭，北方人就差没把北京近郊当成自家后花园了。但明朝与以往任何一个大一统的政权都不同，对于游牧民族的进犯，向来执行"四不"方针：不和亲，不给钱，不投降，不迁都。总之一句话：要钱没有，要皇帝你就拿去，但依然不给钱。努尔哈赤要占辽东就让他占，反正那疙瘩之前也没怎么管，只要守住了蓟辽、宣大两条防线，任凭女真人再怎么嘚瑟，最多也就成为第二个瓦剌部，在嚣张一时之后，悄无声息地淹没在历史的长河中。

与兵败萨尔浒相比，朱由校的登基对于帝国的意义更加微不足道。他在万历年间妖书案、梃击案、红丸案的阴影下不经意地长大成人，又在东林党和李选侍的移宫之争的余震中登上皇位。他的童年几乎就是一部宫闱斗争的苦情剧：从小没有得到过父爱，母亲也被他的监护人李选侍凌虐至死，唯一对他好的人，只有乳母客氏。朱由校甚至没有出阁读过书，他的文化水平，可能只相当于八九岁的幼童，以至于一般的奏折都很难完全看懂。但这并不重要，东林党中有的是才高八斗、学富五车的能臣干吏，例如左光斗，例如杨涟。他们足以依靠自己渊博的学识，将这个庞大的帝国治理得井井有条，至少他们自己是这样认为的。

无论从哪个角度看，朱由校都将成为中国历史上最无趣的皇帝之一。他不会写诗，不会画画，也不会玩音乐，史书上他的本纪最多不会超过两百字。人们将会很轻易地忘记他，正如忘记他那位只当过两个月皇帝的父亲。他上朝也好，不上朝也罢，官员们不会在意。丰功伟绩与他无关，遗臭万年同样也无关。

但谁也不知道，朱由校的童年不光是惶恐中的一片空白，在皇宫中度过的漫长岁月里，他学会了一样本领。这样本领也将伴随朱由校的一生，成为他生活中唯一的乐趣、情感上最后的寄托。

原来，万历年间，不知宫内疏于管理，还是北京天气干燥，三大殿以及乾清、坤宁、慈宁三宫都屡遭火灾而重建，此外兴建较小的宫殿，以及修缮工程，终年不断。由于不用上学，也没谁布置家庭作业，朱由校每天就在皇宫中瞎晃悠，他最大的爱好就是看工匠锯木头、盖房子。木工在他的眼里，成为了一门艺术。那一根根丑陋的木头，在能工巧匠的雕琢下，竟然变成了蝙蝠、凤凰、麒麟等祥瑞美丽的图案，这种神奇简直不亚于同时代的欧洲学霸牛顿巧解微积分！朱由校心想，假如自己不慎被贬为了庶人，学会这门手艺到哪儿都能有饭吃。于是他开始偷学木匠的技艺，像爱因斯坦一样，先从小板凳做起，慢慢地越学越深，越做越难。

老朱家有个规矩，凡是皇家子孙，名字中最后一个字必须要带上五行的偏旁部首。这里就不得不佩服朱由校的父亲朱常洛的先见之明了，他独具慧心地给儿子安了个带有"木"字旁的名字，仿佛早知道这个儿子今后会成为一个伟大的木匠。事实上，根据一万小时天才定律，任何事情干上了瘾，只要持续时间足够，就能诞生这一领域的天才。朱由校在登基之前已经干了十几年木工活，就算是个白痴，混到现在也成了六级木工了，相当于中级知识分子。这些年来，朱由校曾经将自己的手工艺品送给父亲，但父亲每天只顾着嗑药、搞女人，根本无暇欣赏这种民俗艺术；他也曾经送给过李常侍，但换来的只是"不务正业"的痛骂；他还送给过一些尊敬的大臣，但他们接过礼物后的眼神中透露着轻蔑和不屑。只有在母亲的坟前，他将这些心爱的小手工摆放在地上，朱由校才能感觉到母亲在天上看着他微笑。每个孩子都应该是父母心中的天使，但朱由校明显不是。没有人会喜欢他做的事，没有人会欣赏他的才华。无论他是皇孙、皇子还是皇帝，他都只是一个不起眼的摆设，就像他做的这些小手工一样。

直到有个人对他说："皇上，您的东西简直巧夺天工，依我看别说什么鲁班、马均，即使是米开朗琪罗雕刻的大卫，跟您的作品也没法比呀！"

朱由校感激涕零，紧紧握着这位哥们儿的手，说道："那什么大哥，啥也不说了。这屋里都是我做的东西，你看中哪样就拿走！咱也不整什么米开朗基友了，你就是我的知音！"

那个人接着说："对不起皇上，我不爱看《知音》。要不这样吧，您呢就继续忙您的木工艺术创作，国家大事什么的我就替您承担了！咱哥俩谁跟谁，有事儿吱声！"

朱由校感慨地说："这年头，像你这样讲义气的太监不多了。"

这个人就是中国有史以来最神奇的太监——魏忠贤。

之所以用"神奇"二字来形容魏忠贤，是因为他突破了人类生理意义上的极限，凭借自身的不懈努力，攻克了玉茎切除后就地再生的医学难题，并且修得一身了得的房中术，一举拿下了朱由校一生中最亲近的一个人——乳母客氏。相比之下，当年长胡子的北宋权宦童贯虽然也很不容易，但在魏忠贤面前就相形见绌了。魏忠贤从小伴随朱由校，主仆之间早已产生了超越身份阶级的感情。虽然东林党人通过移宫案，将朝政大权牢牢把握在自己手中，但魏忠贤毫不气馁，通过与朱由校、客氏之间的友好关系，谋得了司礼监秉笔太监兼总督东厂太监的高位，成为了太监中的霸主，进而笼络深受东林党人排斥之苦的齐、楚、浙党，渐渐把持了朝政，并建立了一支虽然名字不好听但完全属于自己的政治力量：阉党。

利用阉党和东厂的力量，魏忠贤开始了对东林党人的全面打击。礼部尚书赵南星、左都御史高攀龙、吏部侍郎陈于廷、兵部侍郎李邦华以及杨涟、左光斗、魏大中等前后数十人被罢斥，随即阉党还编出了一本东林党《点将录》，以梁山一百零八将对应东林党的骨干人员，一个一个地往死里整。

在打击异己的同时，阉党也没忘记表彰自己。阉党在全国各地兴建魏忠贤的生祠，并称他为"九千九百岁"。虽然这个称呼会很容易让人联想到一种带壳动物，并且活着就被别人放在祠堂里烧香供奉也未必能给魏忠贤带来多少快乐，但徒子徒孙们这份竭尽阿谀之能事的不要脸，还是让魏忠贤感到由衷的欣慰。毕竟一个普通太监，没有家底没有背景，不拼爹不靠娘，身残志坚，完全凭借自身的努力，突破了人类生理的极限，超越了自我，站在了一人之下万人之上的地位。这个故事稍微改编一下，就能放到机场书店当作成功学的经典之作来卖。

魏忠贤的成功不可复制，朱由校同样也没有复制先辈的生活。正值青春年少的他出人意料地并不沉迷于女色，这与一夜之中拼死临幸八名女士的父亲朱常洛颇有区别。朱由校也不爱铺张浪费，跟玩音乐的高纬、玩驴行的杨广、玩书画的赵佶相比，朱由校的生活简直就像个清教徒，他唯一的一样稍微费点钱的嗜好，就是喜欢吃云南产的鸡㙡。每年雨季一到，他就要亲信专门到云南做好安排，每天将现采集的新鲜鸡㙡收在一起，由驿站飞骑传递进京。鸡㙡烹好后，有多少他就能消灭多少，连皇后都只有看他吃的份儿。

对鸡㙡的爱好并不表示朱由校就是个吃货。事实上，朱由校执着于美食是有原因的：人家每天干的都是力气活，不吃好点怎么行？自当上皇帝以后，朱由校就再也不满足于做点手工艺品这么小打小闹的活了，他开始甩开膀子，像个真正的木匠一样，直接把乾清宫变成了一个巨大的木工作坊。每天他都带着一帮学徒，拉墨线、刨树皮、锯方料、凿花纹，忙得热火朝天。朱由校的木工团队没有周末，没有公休假，他们有的，就是"五加二""白加黑"的工作态度，从朱由校的脸上可以看出，当一个人把兴趣爱好当成职业，是一件何等幸福的事情。如果当年总工会要评全国劳模，朱由校将毫无疑问地全票当选。

最为难能可贵的是，朱由校已经超出了一名只会按图作业的普通木匠的思想觉悟，至少在技术创新方面已达到了高级工程师的水准，假以时日，说不定能偷偷摸摸地成为一名二流的科学家。

朱由校首先选择的技术攻关项目是父亲最喜欢的一样家具：床。

当时，匠人制造的床具极其笨重，需要十几人才能搬动，不仅费木料，样式也极其普通。朱由校便自己琢磨，亲自设计图样、锯木钉板、雕刻装饰。用了一年多的工夫，终于造出一张新型卧床。这张床的床板可以折叠，携带移动都很方便，床架上还雕镂着各种花纹，不仅经济实用，而且美观大方，保证使用它的人，除了睡觉之外不会想别的事儿。皇宫里的专业木匠们一看到这张床，都恨不得找根电锯来剁手，也有的想跑来拜师学艺。朱由校在木工界的地位由一张床而奠定，自此，在四九城中，大家都知道有个牛逼的朱木匠，搞装修、打家具什么的就得找他。

朱由校不仅擅长木工，漆工也非常在行，如果搁到装修行业高度发达的今天，其前途不可限量。据说，朱由校的木工与漆工之技已经达到了融会贯通、水乳交融、神而化之的非常境界，堪比文学界的李杜白王、书法界的苏黄米蔡、武术界的东方不败。更为难能可贵的是，在工艺高超之余，朱由校还非常讲究"情怀"二字，他做的东西饱含一名旧派手工艺人对人生的理解和对时光的留恋，气韵丰盈，不含匠气。朱由校做的小木人，男女老少，千人千面，精致灵动，惟妙惟肖。为了检验其市场认可度，他曾暗中派内监拿到市面上去出售，不知情的广大群众竟然纷纷斥以重价抢购，一时间造成了"北京木贵"的轰动效应。

朱由校平时爱看个木偶戏，嫌看别人做的不过瘾，他自己动手，制作水傀儡戏的木人与戏台。他做的木人约高二尺，均涂上五色油漆，彩画如生，每个小木人下面安一拘卯，用竹板支撑。另外，用大木头凿订成方木池，上面添水七分满，水内放有活鱼、蟹虾、萍藻之类的海货，使之浮于水面。再用凳子支起小方木池，周围用纱围成屏幕，竹板在围屏下，游移拽动，这样就形成了水傀儡的戏台。在屏幕的后面，有艺人随剧情将小木人用竹片托浮水上，游斗玩耍，鼓声喧哗。当时宫中常演的剧目有《东方朔偷桃》《三保太监下西洋》《八仙过海》《孙行者大闹龙宫》等，朱由校在制作和观赏的双重过程中，均得到了高度享受。

到了冬季，西苑北海的冰池封冻，冰坚且滑，完全可以在上面玩溜冰。朱由校又亲自为自己设计了一个小拖床，床面小巧玲珑，仅容一人，涂上红漆，上有顶篷，周围用红绸缎为栏，前后都设有挂绳的小钩，朱由校坐在拖床上，让太监们拉引绳子，拖着床在冰面上飞行，瞬息之间就可往返数里，这也成了当代高铁的雏形。

如果说这些工艺都只能算是"改良"，那么以下的活计就必须要用"发明"才能精准地表达了。在此之前，也不是没有皇帝当过发明家，例如汉灵帝刘宏发明了开裆裤，宋高祖赵匡胤发明了双截棍，但他们的发明都是为了满足自己的需求，只有朱由校的发明完全是为了服务广大嫔妃、宫女和太监，他个人只需要从大家的掌声中得到认可就行。因为，他发明的东西叫作：喷泉。那时官中都用铜缸或是木桶盛水饮用，他就在这些盛水的容器下方凿一个孔，在里面设置机关，用机关操作，缸中的水就飞散出来，有时泻如瀑布，有时又散若飞雪，最后变成一根玉柱，打击放在缸外面的许多小木球，木球就浮在水尖上，随着水的喷吐而跳跃不已，久久不息。每回玩这个游戏时，朱由校都要带上他的嫔妃、太监们一起在旁边观赏。当然，每次大家都会在厂公魏九千九百岁的带领下，不约而同地拍手赞叹，对朱木匠表达如长江之水般滔滔不绝的钦佩之情。

但这些单一的产品对于一名优秀的木匠而言，根本不算什么。因为任何一名木匠做到了一定的层次，他都只有一个目标：成为建筑师！在古代，建筑师就是木匠的最高境界，是能够将毕生的才华、思想、经验、技术发挥到淋漓尽致的一个领域。可以这么说，不想当建筑师的皇帝不是好木匠。因此，朱由校的心中一直有着这样一个建筑师的梦想，这个梦想指引着他前行，让他在黑夜之中不再彷徨。

幼年之时，朱由校被监护人李常侍牢牢地管着，自然不能给他一个建造宫殿的指标。他只能默默地躲在修葺宫殿的工匠们背后，学习他们的技艺。但朱由校自幼根骨清奇，简直就是个不世出的建筑师坯子，任何木器饰品、亭台楼阁，只要他看了一眼，就能照原样制作出来。朱由校曾经在官中仿照乾清宫的样式，做了一座微缩模型宫殿，高不过三四尺，但曲折微妙，巧夺天工。不过这种模型制品只不过是打发时间、聊以解闷，怎能体现朱由校胸中的大丘壑，他需要的是真正的担任一个大项目的总工程师，亲自设计、施工，将汗水洒在建筑的基石之上。千百年之后，即使物是人非、沧海桑田，人们还会记得这座辉煌的建筑，是由一位伟大的朱木匠建造而成的。

幸运的是，朱由校并没有等太久。

公元1625年，朝廷决定对紫禁城的三座主殿太和殿、中和殿、保和殿进行大规模的重建工程。对于朱由校而言，这简直就能活活美死。虽然贵为一国之君，朱由校几乎从来没利用过职权干过什么损公肥私的事情，充其量也就多买了一些木工装备，但他的发明专利也没人给钱啊。这回恰赶上宫殿大修，他怎能任由这个大显身手的机会从眼前流过？这三大主殿在万历年间就被烧毁，二十多年来朝廷一直只有重建计划，却无实际行动。终于在年轻的朱由校手上，三大主殿重建工程全面启动。在这三大工程中，朱由校从起柱到上梁，从内部油漆到外部装饰，都亲临现场，仔细指导，玩得高兴了还会当场脱掉外衣，卷起袖子，和工匠们一起大干一场。在他的带领下，三大主殿重建项目进展顺利，建成之后的三大殿气势恢宏远胜从前，至今仍是故宫之中的三道亮丽的风景线，为北京人民带来每年数以亿计的门票收入。

不管从任何角度来看，朱由校都跟"祸国殃民"四个字不挨边。一个木匠能伤害什么人呢？而且，好皇帝不能当木匠同样也是一个伪命题。因为半个世纪之后，又一位出色的木匠在欧洲的造船厂里学到了丰富的经验和技术，在回到祖国俄罗斯之后，他的岗位同样也是皇帝。

他的名字叫作彼得大帝。

正当朱由校干着木工活计和承包工程，魏忠贤恶斗着东林党人和他们旗下的东南财团之时，北方的努尔哈赤也没闲着，先后打下了旅顺、柳河等地，在山海关以北几乎战无不胜。但朱木匠也不是白痴，关键时刻，他启用了东林党人孙承宗。孙承宗建立了牛逼的关锦防线，修复宁远等大城九座、堡四十五座、练兵十一万。终明一朝，未曾被后金攻破。更为牛逼的是，袁崇焕依托关锦防线，在宁远城大败后金，并且一炮将明朝最大的敌人努尔哈赤轰成重伤，直接导致他在不久之后郁郁而终。

北方局势似乎就此平定，内部的东林党人也算消停了。是不是从此木匠和太监一起，携手过上幸福的生活？

俗话说得好：人算不如天算。因为大明遭遇到了一个比游牧民族侵袭、内部党争更为严重的危机，而这个危机，终将导致大明王朝的覆灭。

那就是天气。

原来，17世纪初，地球全面进入小冰河时期。在近一千年里，这段时间是最冷的，在近一万年里排第二位，在近一百万年里也能排进前七位，几乎可以说是人类进入文明时期以来最寒冷的时期。天启年间，全国粮食产量骤然下降，北方降雨区普遍南移，全国水旱灾害频繁发生。尤其是天启五年，延安大风雪三月，济南飞蝗蔽天，秋禾荡尽，是年大饥，致人相食。

由此可以理解女真人为什么非要挑在这个时间段来入侵了。要不是冷得没办法，谁愿意跑到宁远城下来挨大炮呢？

女真人冷了可以到大明来抢衣服、抢粮食，大明的群众冷了可没地儿说理去。天启初年，东林党一度利用梃击、红丸、移宫三案，执掌大权，废除了江南地区的大量工商税，出现了茶税一年只收十二两白银的壮举，客观上加重了北方省份的农业税比例。这在丰年倒还好说，可现在是人类史上罕见的大灾年，你不收江南的盐税、茶税，却要加重西北这种飞雪三月之地的农业税，这让百姓还怎么活！大家除了"人相食"之外，就只能造反找活路了。于是天启年间，山东、陕北民变四起，大明历时两百多年的江山，在朱木匠手上，开始变得不那么稳固。

天气和财阀势力，联手将明朝往一个看不见的深渊里推。用当年明月的话来说，这就是气数。

气温下降、北旱南涝，这些已经够折腾的了。更让人难以接受的是，地震也开始肆虐起来。天启四年至六年之间，京师、南直隶等地连续发生强烈地震灾害，百姓受到天上地下全方位的立体打击，一个个流离失所，苦不堪言。尤其是在天启六年，也就是公元1626年，位于北京西南隅的王恭厂火药库附近发生了一场离奇的大爆炸。这次爆炸范围半径大约750米，面积达到2.25平方公里，共造成两万余人死伤。关键在于，此事最奇怪的是"死、伤者皆裸体"，为空前罕见的咄咄怪事。该起爆炸事件与三千六百多年前发生在古印度的"死丘事件"、1908年发生在俄罗斯西伯利亚的"通古斯大爆炸"并称为世界三大自然之谜，发生事故原因至今无人能解，古往今来的各路专家也只能给出类似地震、陨石、龙卷风、外星人等似是而非的假说。

自此爆炸之后，京师之中人心惶惶，一时间，众说纷纭，天怒人怨，加上明朝方面的宣传工作没跟上去，礼部也没想到挖掘一些勇救百姓的好官员之类的先进典型人物，大家逐渐对这个以朱木匠、魏九千九百岁为首的朝廷开始失去信心。朱由校不得不下罪己诏，大赦天下。一个王朝最怕的不是天灾肆虐，而是人心散了。阉党也好，东林党也好，街溜子党也好，大家想着的都是怎么去捞钱、捞权力、捞地位，谁也不会替国家社稷分忧。江南的乡绅在抗税，山西的晋商在偷偷地将火药兵器卖给后金，西北的武将在跟民军打"活仗"……大明两百多年以来，从没像天启年间如此混乱不堪。

朱由校不是没有想过办法。种种迹象表明，朱木匠尽管年轻，但他的政治智慧应该不在其先祖嘉靖、万历之下，同属于那种世事通达、洞悉人心的厉害角色。当上皇帝以来，朱由校在干着繁重木工活的百忙之余，抽空利用阉党摆平了妄图独揽朝政的东林党，但又留下真正能干事儿的东林党人孙承宗，挽回了万历年间以来每况愈下的辽东局势；他采纳了魏忠贤提高江南税赋的建议，妥善处理了苏州抗税民变，北方的税收压力相应减轻。但是值此末世，任凭洪武、永乐再生，也无法对抗大势的背离。从人类史的角度来看，此次小冰河时期就是对落后生产力国家过剩人口的一次强有力的清洗。或许只有神才能挽救众生，但朱由校只是个会干点木工活的普通人而已。

当然，朱由校此时才二十出头，从天分上来看，未必不能成为一个类似彼得大帝这样励精图治、开疆拓土的一代明君，至少从木工技术上来看，朱由校应该远在彼得大帝之上，彼得大帝充其量只不过是一个船厂学徒水平，而朱由校已经能够独立指挥完成三大殿重建这种人类历史上的巨大工程了。假以时日，朱由校虽然未必能够挽回明朝衰败的大局，至少有可能延缓其灭亡的脚步，让大明在要死不活的节奏中，再拖上个百八十年的，然后在某一次天鹅绒革命中寿终正寝……

遗憾的是，他来不及了。

公元1627年8月的一天，北京天气难得一见地好，没有沙尘暴，没有雾霾，满天APEC蓝。心情不错的朱由校放下了手中的木工活，在乳母客氏、魏忠贤等人的陪同下，到西苑游船戏耍。他们在桥北浅水处大船上饮酒，又与魏忠贤及两名亲信小太监去深水处泛小舟荡漾。这些年来，木匠工作的压力、各地灾害的报告、处理党争事件的烦琐，压得朱由校几乎喘不过气了，人们都忘记了他不过是一个二十岁左右的孩子，搁在当今的话应该还在大学里面花着父母的钱泡妞呢。像现在这样陪同亲友到西苑泛舟，对于朱由校而言算得上是仅有的奢侈。他的心情也像天气一样好，这样短暂的休闲时光让他忘记了烦心事，像个年轻人一样无忧无虑。

可就在这时，一阵莫名的狂风吹来，素来平静的西苑北海顿时掀起了波涛，朱由校乘坐的小船就像秋风中的树叶般，被无情的巨浪掀翻！朱由校跌入水中，8月的湖水温度不低，但不识水性的朱由校在水中挣扎不休，直到被随行的太监救起，但仍然惊魂未定。这一幕与当年的正德皇帝溺水事件几乎一模一样，历史在不经意间再次重演。

朱由校虽然得救了，但落下了病根。按说朱木匠常年干惯了体力活，身体本应杠杠的，但也不知怎的，自此次溺水之后，他的身体每况愈下，不多久就离不开他亲手打造的那张神奇的床了。这时神医李时珍已仙逝多年，皇宫里面的太医大部分都属于混吃等死的类型，治个伤风感冒、月经不调都困难，大家只能眼睁睁地看着朱由校病入膏肓，转眼就要从太医院转到内务司料理了。

就在这个生死存亡的关键时刻，一个人站了出来，他就是阉党骨干、兵部尚书兼业余医药学家霍维华。为报朱由校的知遇之恩，霍维华满怀一片赤诚忠心，根据多年来的临床治疗经验，向朱由校进献了自己珍藏已久的仙方——灵露饮。这种神奇的药方乃以粳米或糯米、老米、小米同时入甑锅提炼，取其凝结之露水，故名灵露饮。太医院的医生们经过多次专家联席会议研究讨论，一致认为此方具有转晦为明、起死回生的强大功效，跟太上老君的九转金丹相比也未遑多让，建议朱由校立即服用。

朱由校还能说什么呢？俗话说得好，隔行如隔山，医生的世界木匠永远不懂。本着尊重科学、尊重专业的态度，朱由校喝下了这碗米汤。说来也真神了，朱由校自从服用灵露饮之后，感觉此药米香扑鼻，顿时胃口大开，每天都得喝上几碗才过瘾。阉党全体成员、太医院全体医生顿时兴高采烈，无不额手称庆。可好景不长，没过几天，令业余医药学家霍维华意想不到的事情发生了，灵露饮竟然产生了副作用：由于灌多了米汤，朱由校又得了臌胀病，逐渐浑身水肿，眼瞅着就要去见阎王爷了！

中国的彼得大帝还没来得及一展胸中宏图，就要凋谢在这座吃人的皇宫之中。霍维华转眼由救驾功臣变成了阉党系的猪队友，等待他的，将是东林党人无情的秋后算账。这充分说明，不是每个人都能像朱由校一样玩转跨界，每个人都有自己的位置，无论站在何处。

临终前，朱木匠没有像李煜、赵佶那样矫情地作首诗写段词什么的，而是先后找来弟弟信王朱由检和首辅黄立极，将朱由检定为自己的接班人。

这也成为朱由校短暂的一生之中最后的一个决定，也是最错误的一个决定。

数日后，朱由校离世，天下少了一个出色的木匠。十七年后，大明亡国，天下少了一段值得回忆的往事。